Daniel Dirks

Szenarioanalyse als Instrument der strategischen Vorausschau

Emissionsminderung im Fuhrpark
eines mittelständischen
Dienstleistungsunternehmens

Diplomica® Verlag GmbH

Dirks, Daniel: Szenarioanalyse als Instrument der strategischen Vorausschau: Emissionsminderung im Fuhrpark eines mittelständischen Dienstleistungsunternehmens. Hamburg, Diplomica Verlag GmbH 2012

ISBN: 978-3-8428-8685-8
Druck: Diplomica® Verlag GmbH, Hamburg, 2012

Bibliografische Information der Deutschen Nationalbibliothek:
Die Deutsche Nationalbibliothek verzeichnet diese Publikation in der Deutschen Nationalbibliografie; detaillierte bibliografische Daten sind im Internet über http://dnb.d-nb.de abrufbar.

Die digitale Ausgabe (eBook-Ausgabe) dieses Titels trägt die ISBN 978-3-8428-3685-3 und kann über den Handel oder den Verlag bezogen werden.

Dieses Werk ist urheberrechtlich geschützt. Die dadurch begründeten Rechte, insbesondere die der Übersetzung, des Nachdrucks, des Vortrags, der Entnahme von Abbildungen und Tabellen, der Funksendung, der Mikroverfilmung oder der Vervielfältigung auf anderen Wegen und der Speicherung in Datenverarbeitungsanlagen, bleiben, auch bei nur auszugsweiser Verwertung, vorbehalten. Eine Vervielfältigung dieses Werkes oder von Teilen dieses Werkes ist auch im Einzelfall nur in den Grenzen der gesetzlichen Bestimmungen des Urheberrechtsgesetzes der Bundesrepublik Deutschland in der jeweils geltenden Fassung zulässig. Sie ist grundsätzlich vergütungspflichtig. Zuwiderhandlungen unterliegen den Strafbestimmungen des Urheberrechtes.

Die Wiedergabe von Gebrauchsnamen, Handelsnamen, Warenbezeichnungen usw. in diesem Werk berechtigt auch ohne besondere Kennzeichnung nicht zu der Annahme, dass solche Namen im Sinne der Warenzeichen- und Markenschutz-Gesetzgebung als frei zu betrachten wären und daher von jedermann benutzt werden dürften.

Die Informationen in diesem Werk wurden mit Sorgfalt erarbeitet. Dennoch können Fehler nicht vollständig ausgeschlossen werden, und der Diplomica Verlag, die Autoren oder Übersetzer übernehmen keine juristische Verantwortung oder irgendeine Haftung für evtl. verbliebene fehlerhafte Angaben und deren Folgen.

© Diplomica Verlag GmbH
http://www.diplomica-verlag.de, Hamburg 2012
Printed in Germany

Inhaltsverzeichnis

Abkürzungsverzeichnis **8**

Symbolverzeichnis **9**

Abbildungsverzeichnis **10**

1 Einleitung **13**

    1.1 Motivation 13

    1.2 Zielsetzung 14

    1.3 Vorgehensweise 14

2 Ökologisches Fuhrparkmanagement als Teilaufgabe von Corporate Social Responsibility **16**

    2.1 Corporate Social Responsibility 16

        2.1.1 Definition 16

        2.1.2 Dimensionen 16

        2.1.3 Handlungsfelder 17

        2.1.4 Kritische Würdigung 18

    2.2 Ökologisches Fuhrparkmanagement 21

        2.2.1 Aufgaben und Ziele 21

        2.2.2 Dienstwagenordnung 22

        2.2.3 Kritische Würdigung 23

3 Ansätze zur Emissionsminderung im Fuhrpark **24**

    3.1 Fahrzeuginduzierte Emissionsminderung 25

        3.1.1 Umweltlabel 25

        3.1.2 Alternative Antriebskonzepte 27

            3.1.2.1 Hybrid-Technologie 27

            3.1.2.2 Elektromobilität 30

    3.2 Kraftstoffinduzierte Emissionsminderung 32

        3.2.1 Biokraftstoffe Biodiesel und Bioethanol 32

        3.2.2 Autogas und Erdgas 34

    3.3 Fahrerinduzierte Emissionsminderung 35

        3.3.1 Eco-Fahrtrainings 35

	3.3.2 Bonus-/Malus-Regelung	35
3.4	Weitere Ansätze	36
3.5	Auswahl der Ansätze für die Szenarioanalyse	37

4 Szenarioanalyse als Instrument der strategischen Vorausschau ... 39

- 4.1 Strategische Planung und strategische Vorausschau ... 39
  - 4.1.1 Strategische Planung ... 39
    - 4.1.1.1 Definition und Prozess ... 39
    - 4.1.1.2 Prognose als Instrument der strategischen Planung ... 41
  - 4.1.2 Strategische Vorausschau ... 41
- 4.2 Szenarioanalyse ... 43
  - 4.2.1 Entstehung ... 43
  - 4.2.2 Wesen von Szenarien ... 43
    - 4.2.2.1 Definition ... 43
    - 4.2.2.2 Klassifizierung ... 44
    - 4.2.2.3 Qualitätsmerkmale ... 46
  - 4.2.3 Funktionen ... 46
  - 4.2.4 Anwendungsbedingungen ... 47
  - 4.2.5 Generelle Phasen ... 48
    - 4.2.5.1 Szenariofeld-Bestimmung ... 49
    - 4.2.5.2 Schlüsselfaktor-Identifikation ... 51
    - 4.2.5.3 Schlüsselfaktor-Analyse ... 54
    - 4.2.5.4 Szenario-Generierung ... 55
    - 4.2.5.5 Szenario-Transfer ... 59
  - 4.2.6 Zusammenfassende Würdigung ... 59

5 Szenarioanalyse im Praxisbeispiel ... 64

- 5.1 Szenariofeld-Bestimmung ... 64
  - 5.1.1 Ausgangssituation des Fuhrparks ... 64
    - 5.1.1.1 Dienstwagenordnung ... 64
    - 5.1.1.2 Fahrzeugbestand ... 65
    - 5.1.1.3 Fuhrparkkosten ... 66
    - 5.1.1.4 CO_2-Emissionen ... 68
  - 5.1.2 Problemstellung des Fuhrparkmanagements ... 69

5.2 Schlüsselfaktor-Identifikation ... 72
5.2.1 Business As Usual ... 73
5.2.2 Eco Car ... 74
5.2.3 E-Mobility ... 75
5.2.4 Eco Driver ... 77
5.3 Schlüsselfaktor-Analyse und Szenario-Generierung ... 78
5.3.1 Business As Usual ... 79
5.3.2 Eco Car ... 81
5.3.3 E-Mobility ... 83
5.3.4 Eco Driver ... 85
5.4 Szenario-Transfer ... 86
5.4.1 Fuhrparkkosten ... 87
5.4.2 CO_2-Emissionen ... 89
5.4.3 CO_2-Vermeidungskosten ... 90
5.5 Handlungsempfehlungen an das Fuhrparkmanagement ... 92
5.6 Kritische Würdigung ... 92

Anhang ... 95

Literaturverzeichnis ... 99

Abkürzungsverzeichnis

bzw.	beziehungsweise
CDI	Common Rail Direct Injection
CDTI	Common Rail Diesel Turbo Injection
CNG	Compressed Natural Gas
CSR	Corporate Social Responsibility
DCI	Diesel Common-Rail Injection
Diss.	Dissertation
ebd.	ebenda
engl.	englisch
et al.	et alii, et alia, et alteri
etc.	et cetera
EU	Europäische Union
f.	folgende [Seite]
ff.	folgende [Seiten]
FFV	Flexible Fuel Vehicles
g	Gramm
GE	General Electric
Hrsg.	Herausgeber
inkl.	inklusive
KDT	Dienstwagengruppe der Kundendiensttechniker
km	Kilometer
l	Liter
LPG	Liquified Petroleum Gas
MA	Mitarbeiter
MwSt.	Mehrwertsteuer
PKW	Personenkraftwagen
POOL	Dienstwagengruppe der Poolfahrzeuge
PPP	Public Private Partnership
S.	Seite
SPSS	Statistical Package for the Social Sciences
SRI	Stanford Research Institute
STEEP	Umweltfaktoren eines Unternehmens: Society, Technology, Economy, Ecology, Politics
T	Tausend
t	Tonne
TDCI	Turbodiesel Common Rail Injection
TDI	Turbodiesel Direct Injection
u.	und
UPS	United Parcel Service
US	United States
USA	United States of America
vgl.	vergleiche
vs.	versus

Symbolverzeichnis

€	Euro
%	Prozent
CO_2	Kohlenstoffdioxid
α	Alpha
&	und
Ø	Durchschnitt

Abbildungsverzeichnis

Abbildung 1: Dimensionen von Corporate Socical Responsibility 17
Abbildung 2: Handlungsfelder von Corporate Social Responsibility 18
Abbildung 3: Entwicklung des Verbraucherpreises für Dieselkraftstoff 27
Abbildung 4: Hybrid-Technologie: Übergang zur Elektromobilität 28
Abbildung 5: Gemeinsamkeiten und Unterschiede von Hybrid-Antrieben 29
Abbildung 6: CO_2-Emissionen: Verbrennungsmotoren vs. Elektromobilität 31
Abbildung 7: CO_2-Emissionen: Verbrennungsmotoren vs. alternative Kraftstoffe 33
Abbildung 8: Schematischer Vergleich: Ansätze zur Emissionsminderung 37
Abbildung 9: Einordnung der Szenarioanalyse in die Zukunftsforschung 42
Abbildung 10: Explorative Szenarien 44
Abbildung 11: Normative Szenarien 45
Abbildung 12: Generelle Phasen der Szenarioanalyse 48
Abbildung 13: Häufig verwendetes Schema für Systemszenarien 50
Abbildung 14: Schlüsselfaktor-Identifikation mithilfe des STEEP-Modells 52
Abbildung 15: Schlüsselfaktor-Analyse 54
Abbildung 16: Konsistenzmatrix 56
Abbildung 17: Morphologische Analyse 57
Abbildung 18: Trichtermodell der Szenarioanalyse 58
Abbildung 19: Kritische Würdigung: Funktionen und Anwendungsbedingungen 60
Abbildung 20: Kritische Würdigung: Generelle Phasen 61
Abbildung 21: Dienstwagengruppen und -modelle 65
Abbildung 22: Fahrzeugbestand je Dienstwagengruppe am 31.12.2009 66
Abbildung 23: Prozentuale Verteilung der Fuhrparkkosten 66
Abbildung 24: Leasing- und Kraftstoffkosten je Fahrzeug 67
Abbildung 25: CO_2-Emissionen je Fahrzeug 69
Abbildung 26: Systemszenarien im Praxisbeispiel 70
Abbildung 27: Fahrzeugbestand und auslaufende Leasingverträge 71
Abbildung 28: Schlüsselfaktoren „Business As Usual" 73
Abbildung 29: Schlüsselfaktoren „Eco Car" 75
Abbildung 30: Schlüsselfaktoren „E-Mobility" 76
Abbildung 31: Schlüsselfaktoren „Eco Driver" 77
Abbildung 32: Morphologische Analyse „Business As Usual" 80

Abbildung 33: Morphologische Analyse „Eco Car" 82

Abbildung 34: Morphologische Analyse „E-Mobility" 84

Abbildung 35: Morphologische Analyse „Eco Driver" 85

Abbildung 36: Szenario-Transfer: Leasingkosten pro Fahrzeug 87

Abbildung 37: Szenario Transfer: Kraftstoffkosten pro Fahrzeug 88

Abbildung 38: Szenario-Transfer: Gesamtkosten des Fuhrparks 89

Abbildung 39: Szenario-Transfer: CO_2-Emissionen pro Fahrzeug 90

Abbildung 40: CO_2-Vermeidungskosten der Policy-Szenarien 91

1 Einleitung

1.1 Motivation

In der Vergangenheit galten Unternehmen als gesellschaftliche Institutionen, die ihre Umwelt in hohem Maße gestaltet haben. Die Einflussfaktoren, die aus dem Unternehmensumfeld heraus auf Entscheidungsträger einwirken, werden jedoch dynamischer und komplexer sowie die Einschätzung deren zukünftiger Entwicklung unsicherer. Dies hat dazu geführt, dass Unternehmen heute eher von ihrer Umwelt getrieben werden, als dass sie diese gestalten.[1]

Einen starken Einfluss auf Unternehmen hat in diesem Zusammenhang der Megatrend „Klimawandel und Umweltbelastung". In den letzten Jahren wurden Unternehmen zunehmend von Regierungen und Nichtregierungsorganisationen aufgefordert, mehr ökologische Verantwortung zu übernehmen.[2] Vor allem Großunternehmen haben darauf reagiert und damit begonnen, ihr ökologisches Engagement zu steigern und die Öffentlichkeit darüber in ihren Geschäftsberichten zu informieren.[3] Jedoch hat die Mehrheit der Unternehmen, so bemängeln Kritiker, insbesondere diesen Megatrend noch nicht in ihren Unternehmensstrategien berücksichtigt.[4]

Entscheidungsträger in Unternehmen fragen sich, wie sie exogene Einflussfaktoren wie den ökologischen Wandel in die strategische Planung einbeziehen können, um zukünftig nicht unerwartet in Handlungszwang zu geraten, sondern im Rahmen der Veränderungsprozesse proaktiv entscheiden und gewinnbringend handeln zu können. Die traditionelle strategische Planung stößt mit der Prognose als zentrales Planungsinstrument bei der Beantwortung dieser Frage an ihre Grenzen, da lediglich eine einzige mögliche zukünftige Entwicklung auf der Basis vergangener Entwicklungen abgeleitet wird.[5]

Aus diesem Grunde wurden in den letzten zehn Jahren in Unternehmen vermehrt Methoden der Zukunftsforschung angewendet und mit der strategischen Planung

---

[1] Vgl. Burmeister, K., Schulz-Montag, B. (2009), S. 286; Clawson, J. G., Grayson, L. (1996), S. 1 f. Burmeister, K. et al. (2002), S. 16 f.
[2] Vgl. Braun, S., Loew, T. (2008), S. 12; Herchen, O. M. (2007), S. 2; Wolff, F. (2009), S. 245; Glockner, H. (2008), S. 1 ff. u. 20.
[3] Vgl. Clausen, J., Loew, T. (2009), S. 11 f.
[4] Vgl. Hochfeld, C. (2009), S. 7; Clausen, J., Loew, T. (2009), S. 11 f.
[5] Vgl. Lindgren, M., Bandhold, H. (2009), S. 27 f.; MacKay, R. B., Costanzo, L. A. (2009), S. 2; Chia, R. (2004), S. 23 f.; Burmeister, K., Schulz-Montag, B. (2009), S. 286.

verknüpft – ein Ansatz, der strategische Vorausschau genannt wird.[6] Eines der bedeutendsten Instrumente der strategischen Vorausschau, die Szenarioanalyse, soll geeignet sein, um in einem dynamischen und von Unsicherheit geprägten Umfeld die strategische Planung in Unternehmen zu ergänzen.[7] Sie soll dazu dienen, durch die Darstellung möglicher zukünftiger Entwicklungen Entscheidungsträgern aufzuzeigen, inwieweit sich eine Strategie in Zukunft bewähren könnte.[8]

1.2 Zielsetzung

Das Ziel dieser Untersuchung ist es herauszuarbeiten, inwieweit sich die Szenarioanalyse als geeignetes Instrument erweist, Entscheidungsträger in Unternehmen bei der strategischen Planung in unsicheren Zeiten zu unterstützten. Dazu werden die Methodik erläutert, die Vorgehensweise aufgezeigt und bewertet sowie die Vor- und Nachteile der Szenarioanalyse erarbeitet. Zum anderen wird die Szenarioanalyse in einem Praxisbeispiel angewendet und deren praktischer Nutzen vor dem Hintergrund der theoretischen Erarbeitungen nachvollziehbar verdeutlicht.

Das Praxisbeispiel handelt vom Fuhrparkmanagement eines mittelständischen Dienstleistungsunternehmens, das mithilfe von Maßnahmen zur Emissionsminderung im Fuhrpark mehr ökologische Verantwortung übernehmen möchte. Da diese Neuausrichtung mit der bisher angewendeten traditionellen strategischen Planung aufgrund ihrer Vergangenheitsorientierung schwierig ist, soll die Szenarioanalyse angewendet werden.

1.3 Vorgehensweise

Verfolgt ein Unternehmen über wirtschaftliche Ziele hinaus auch ökologische oder soziale Ziele, so können diese Aktivitäten dem Thema Corporate Social Responsibility (CSR), also der gesellschaftlichen Verantwortung der Unternehmen zugeordnet werden.[9] Da die Bestrebungen eines Fuhrparkmanagements, das die Emissionen im Unternehmensfuhrpark senken möchte, in die gleiche Richtung gehen, wird zu Beginn dieser Untersuchung in das Thema CSR eingeführt und das ökologische Fuhrparkmanagement als eine Teilaufgabe von CSR beschrieben und bewertet.

---

[6] Vgl. Burmeister, K., Schulz-Montag, B. (2009), S. 277 ff.; Neef, A., Glockner, H. (2006), S. 31.
[7] Vgl. Chia, R. (2004), S. 24 f.; Minx, E., Kollosche, I. (2009), S. 161; Gustke, C. (2009), S. 20.
[8] Vgl. Clawson, J. G., Grayson, L. (1996), S. 2; Kosow, H., Gaßner, R (2008), S. 10 f.; Roubelat, F. (2009), S. 1; Schwartz, P. (1991), S. XIII f.
[9] Vgl. EU-Grünbuch (2001), S. 3; Ungericht, B. Raith, D., Korenjak, T. (2008), S. 19 u. 75 f.; Barth, R., Wolff, F. (2009), S. 5.

Die Ansätze, welche sich einem ökologischen Fuhrparkmanagement für eine zukünftige Strategie bieten, sind vielfältig. Sie reichen von der Verwendung von Gas- oder Hybridfahrzeugen über Elektromobilität bis hin zu Fahrtrainings, in denen eine kraftstoffsparende Fahrweise vermittelt wird. Im Kapitel 3 werden die gängigen Ansätze zur Emissionsminderung im Fuhrpark vorgestellt und im Hinblick auf die Aufgaben und Ziele des ökologischen Fuhrparkmanagements beurteilt. Am Ende des Kapitels werden drei der vorgestellten Ansätze für die Szenarioanalyse im Praxisbeispiel ausgewählt, die am ehesten die Aufgaben und Ziele in Zukunft beeinflussen könnten – jeweils aus Kostensicht, im Hinblick auf die CO_2-Emissionen oder unter Berücksichtigung der Bereitschaft der Dienstwagenfahrer.

Den theoretischen Hauptteil der Untersuchung bildet das vierte Kapitel. In diesem Teil wird zunächst aufgezeigt, warum Unternehmen zunehmend die traditionelle strategische Planung um die strategische Vorausschau ergänzen. Den Mittelpunkt des Kapitels bilden Erläuterungen zum Wesen von Szenarien und zur Methodik der Szenarioanalyse. Darüber hinaus wird auf die Entstehung der Szenarioanalyse eingegangen sowie deren Anwendungsbedingungen und Funktionen erläutert. Abschließend wird die Szenarioanalyse einer kritischen Würdigung unterzogen und beurteilt, inwieweit sie Unternehmen bei der strategischen Planung unterstützten kann.

Im fünften Kapitel wird die Szenarioanalyse anhand eines Praxisbeispiels auf der Basis der Erarbeitungen im Theorieteil angewendet. In dem Praxisbeispiel werden die möglichen zukünftigen Auswirkungen der in Kapitel 3 ausgewählten Ansätze zur Emissionsminderung im Fuhrpark mithilfe der Szenarioanalyse aufgezeigt. Die Vorgehensweise richtet sich dabei nach den generellen Phasen der Szenarioanalyse. Am Ende des fünften Kapitels wird der Nutzen der Szenarioanalyse vor dem Hintergrund des Theorieteils und in Bezug auf die Erarbeitungen im Praxisteil kritisch gewürdigt.

2 Ökologisches Fuhrparkmanagement als Teilaufgabe von Corporate Social Responsibility

Die gesellschaftliche Verantwortung von Unternehmen war in den letzten Jahren zunehmend Thema in der Bevölkerung und der Politik. Das hat viele Unternehmen unter anderem dazu bewegt, ihren Fuhrpark durch Maßnahmen zur Emissionsminderung ökologischer auszurichten.[10] Gleiches trifft auf das mittelständische Dienstleistungsunternehmen im Praxisbeispiel zu. Allerdings stellt sich die Frage, was Entscheidungsträger dazu bewegt, zusätzlich zu den ökonomischen, auch ökologische Ziele zu verfolgen. Darüber hinaus müssen Antworten auf die Fragen gefunden werden, wodurch sich ein ökologisches Fuhrparkmanagement auszeichnet und warum es Teil von CSR ist. Fragen wie diese werden im Rahmen der beiden Themenpunkte „Corporate Social Responsibility" und „Ökologisches Fuhrparkmanagement" beantwortet.

2.1 Corporate Social Responsibility

2.1.1 Definition

Eine der am häufigsten zitierten Definitionen der sozialen Verantwortung von Unternehmen wurde von der Europäischen Kommission in 2001 entworfen. Darin wird CSR als ein Konzept beschrieben, nach dem Unternehmen – auf freiwilliger Basis und über ökonomische Ziele hinaus – auch soziale und ökologische Ziele verfolgen.[11]

Das in der Definition enthaltene Prinzip der Freiwilligkeit wird von der Europäischen Kommission in einer Mitteilung im Jahr 2002 als zentrales Bestimmungsmerkmal hervorgehoben.[12] In einer weiteren Mitteilung von 2006 erläutert sie, dass die in der Definition genannte Verantwortung im Allgemeinen auch mit wirtschaftlichem Erfolg verbunden sein könne und solle.[13]

2.1.2 Dimensionen

Die Definition von CSR enthält die drei Dimensionen Ökonomie, Ökologie und Soziales. Sie sind Teil eines von John Elkington entwickelten Konzepts, das „Triple

---

[10] Vgl. Braun, S., Loew, T. (2009), S. 18; GWA (2008), S. 38; Schneider, A. (2008), S. 18; Riess, B., Welzel, C. (2006), S. 4.
[11] Vgl. EU-Grünbuch (2001), S. 3; Barth, R., Wolff, F. (2009), S. 5; Ungericht, B. Raith, D., Korenjak, T. (2008), S. 19 u. 75 f.
[12] Vgl. EG-Mitteilung (2002), S. 9; Ungericht, B. Raith, D., Korenjak, T. (2008), S. 19 u. 75 f.
[13] Vgl. Ungericht, B. Raith, D., Korenjak, T. (2008), S. 22; EG-Mitteilung (2006), S. 2.

Bottom Line" genannt wird. Es beschreibt die drei Zielrichtungen, welche gesellschaftlich verantwortliche Unternehmen verfolgen können.[14] In der Literatur wird das Modell grafisch wie in der Abbildung 1 dargestellt.

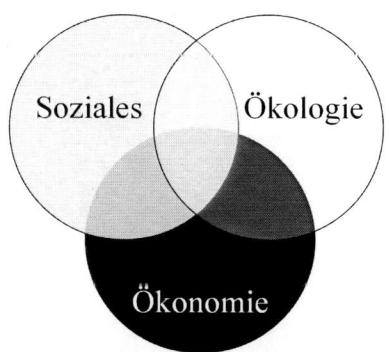

Abbildung 1: Dimensionen von Corporate Socical Responsibility
Quelle: Eigene Darstellung in Anlehnung an Ungericht, B. Raith, D., Korenjak, T. (2008), S. 91;
Carter, R. C., Rogers, D. S. (2008), S. 365.

Im Vordergrund der ökonomischen Dimension des Konzepts steht das Ziel der Gewinnmaximierung.[15] Beim Streben nach diesem Ziel rufen Unternehmen häufig ökologische bzw. soziale Probleme hervor oder vergrößern diese.[16] Im Sinne des dreidimensionalen Konzepts ist es daher notwendig, dass Unternehmen zukünftig die Umwelt und die Gesellschaft als Handlungsfelder betrachten. Sie sollten sich auf Aktivitäten konzentrieren, von denen nicht nur sie profitieren, sondern darüber hinaus die Umwelt und die Gesellschaft.[17]

2.1.3 Handlungsfelder

Die beiden CSR-Dimensionen „Ökologie" und „Soziales" beinhalten für Unternehmen unterschiedliche Handlungsfelder, die den Unternehmensprozessen Beschaffung, Fertigung und Absatz sowie dem Unternehmensumfeld zugeordnet werden können.[18] Die CSR-Handlungsfelder sind in Abbildung 2 veranschaulicht.

---

[14] Vgl. Herchen, O. M. (2007), S. 29 ff.; Bassen, A., Meyer, K., Schlange, J. (2006), S. 5 ff.; Keinert, C. (2008), S. 42, 58 u. 72.
[15] Vgl. Jennings, V. (2004), S. 157; Henriques, A. (2004), S. 29.
[16] Vgl. Henriques, A., Richardson, J. (2004), S. 10.
[17] Vgl. Idowu, S. O., Filho, W. L. (2009), S. 13.
[18] Vgl. Schmitt, K. (2005), S. 13; Braun, S., Loew, T. (2008), S. 7; Clausen, J., Loew, T. (2009), S. 20 f.

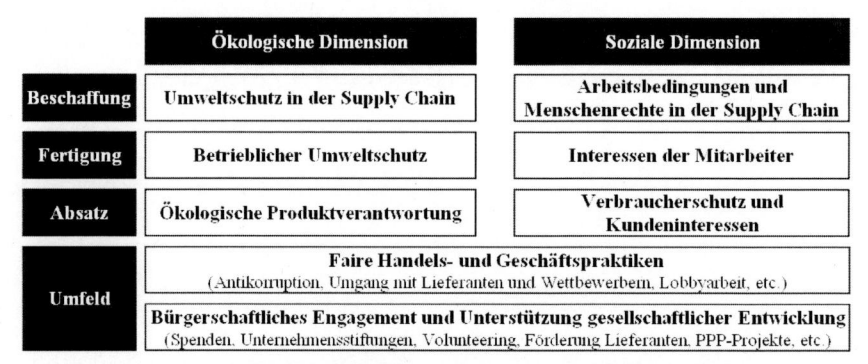

	Ökologische Dimension	Soziale Dimension
Beschaffung	Umweltschutz in der Supply Chain	Arbeitsbedingungen und Menschenrechte in der Supply Chain
Fertigung	Betrieblicher Umweltschutz	Interessen der Mitarbeiter
Absatz	Ökologische Produktverantwortung	Verbraucherschutz und Kundeninteressen
Umfeld	Faire Handels- und Geschäftspraktiken (Antikorruption, Umgang mit Lieferanten und Wettbewerbern, Lobbyarbeit, etc.)	
	Bürgerschaftliches Engagement und Unterstützung gesellschaftlicher Entwicklung (Spenden, Unternehmensstiftungen, Volunteering, Förderung Lieferanten, PPP-Projekte, etc.)	

Abbildung 2: Handlungsfelder von Corporate Social Responsibility
Quelle: Eigene Darstellung in Anlehnung an Braun, S., Loew, T. (2008), S. 7;
Braun, S., Loew, T. (2009), S. 18 ff.

Die Handlungsfelder wiederum beinhalten unterschiedliche Ansätze, die Unternehmen nutzen können, um mehr soziale oder ökologische Verantwortung zu übernehmen. Beispielsweise umfasst das Handlungsfeld „Interessen der Mitarbeiter" Ansätze wie „Flexible Arbeitszeitmodelle" oder „Vielfalt und Chancengleichheit". Als Beispiele für die Ansätze, die unter der ökologischen Dimension zusammengefasst sind, können „Luftreinhaltung" und „Ressourceneffizienz" genannt werden.[19]

Stellt man sich die Frage, welchem Handlungsfeld das Vorhaben des mittelständischen Dienstleistungsunternehmens im Praxisbeispiel inhaltlich zuzuordnen ist, so kommt man zu dem Schluss, dass ein ökologisches Fuhrparkmanagement den ersten drei Handlungsfeldern der Dimension „Ökologie" angehört und daher als unternehmensprozessübergreifendes Konzept verstanden werden kann.

2.1.4 Kritische Würdigung

Milton S. Friedman vertritt die Auffassung, dass das Prinzip der Freiwilligkeit, das die Europäische Kommission als Bestimmungsmerkmal von CSR in ihrer Definition von 2001 eingearbeitet hat, weder hinreichende noch erforderliche Voraussetzung für die soziale Verantwortung von Unternehmen ist.[20] Unternehmen werden soziale Verantwortung entweder wahrnehmen, wenn sie gesetzlich dazu gezwungen würden – das Prinzip der Freiwilligkeit wäre in diesem Fall nicht vorhanden – oder wenn sie damit, so Friedman, ihren Profit maximieren könnten – sei es freiwillig oder nicht.[21] Peter F. Drucker teilt die Auffassung Friedmans und gibt zu bedenken, dass Unternehmen, die

---

[19] Vgl. Clausen, J., Loew, T. (2009), S. 22.
[20] Vgl. Ungericht, B. Raith, D., Korenjak, T. (2008), S. 19 ff.
[21] Vgl. Herchen, O. M. (2007), S. 35; Ungericht, B. Raith, D., Korenjak, T. (2008), S. 19 ff.; Keinert, C. (2008), S. 40.

darüber hinaus gesellschaftliche Verantwortung wahrnehmen, gegen die fundamentalen Prinzipien des Wirtschaftens verstoßen.[22]

Gegenstand von Kritik ist nicht nur die Definition von CSR, sondern auch das „Triple Bottom Line"-Modell. Das Konzept besagt zwar, dass gesellschaftliches Engagement von Unternehmen lediglich sinnvoll ist, wenn dadurch gleichzeitig soziale Bedingungen verbessert werden bzw. die Umwelt weniger belastet wird und sich zum anderen dadurch wirtschaftliche Vorteile für Unternehmen ergeben. Jedoch sind diese Voraussetzungen in der Praxis nicht immer erfüllt.[23]

Ein Beispiel des amerikanischen Lebensmittelherstellers Starkist verdeutlicht dies. Das Unternehmen entschied sich dazu, den benötigten Thunfisch auf eine andere, kostenintensivere Weise zu fischen, damit weniger Delfine dabei ihr Leben verlieren. Das Unternehmen versprach sich von diesem Strategiewechsel eine Aufwertung des Unternehmensimages. Letztlich waren die Kunden jedoch nicht bereit, den höheren Preis des Produkts zu zahlen, und Starkist entschied sich wieder für die kostengünstigere Weise der Fischung.[24] An dieser Stelle wird deutlich, dass am Ende die Verbraucher darüber entscheiden, ob sie für den Mehrwert von Produkten, der sich aus den Investitionen von Unternehmen in Maßnahmen zur Minderung sozialer bzw. ökologischer Probleme ergibt, einen höheren Preis zahlen.[25] Laut einer Studie der Kommunikationsagentur Cone aus dem Jahr 2004 sind sie dazu jedoch eher nicht bereit. Bei Kaufentscheidungen von Verbrauchern haben die Qualität, der Service und der Preis eines Produkts die höchste Priorität. Kriterien wie beispielsweise das soziale Engagement des Produktanbieters spielen eine untergeordnete Rolle.[26]

Doch nicht alle CSR-Maßnahmen, die von den durchführenden Unternehmen als solche bezeichnet werden, berücksichtigen tatsächlich – neben der wirtschaftlichen – auch die soziale bzw. ökologische Dimension.[27] Ein Beispiel dafür, dass diese Behauptung unterstützt, ist das von Shell im Niger Delta.[28] Shell informierte 1996 in einem Bericht, der einen Überblick über deren getätigte Investitionen in die gesellschaftliche Entwick-

---

[22] Vgl. Banerjee, B. S. (2007), S. 51.
[23] Vgl. Hohnen, P., Potts, J. (2007), S. 9; Kolter, P., Lee, N. (2005), S. 10; Vogel, D. (2005), S. 2 ff.
[24] Vgl. Reich. R. B. (2008), S. 17; Vogel, D. (2005), S. 135.
[25] Vgl. Vogel, D. (2005), S. 135; Doane, D. (2004), S.83.
[26] Vgl. Bulmann, A. (2007), S. 55; Cone (2004), S. 4.
[27] Vgl. Vogel, D. (2005), S. 5; Banerjee, B. S. (2007), S. 86 ff.
[28] Vgl. Banerjee, B. S. (2007), S. 53.

lung gibt, dass sie im Rahmen ihrer Ölförderungsaktivitäten im Niger Delta in Nigeria rund 7,4 Milliarden Dollar in neue Straßen investiert hatten. Allerdings, so stellte sich später heraus, hatten diese Investitionen den primären Zweck, die Ölfelder besser zu erreichen und stellten keinen Mehrwert für umliegende Dörfer dar.[29]

Einer der entscheidenden Nachteile von CSR ist, dass zwar der wirtschaftliche Erfolg einer CSR-Maßnahme gemessen werden kann, es jedoch nicht möglich ist, deren sozialen oder ökologischen Nutzen zu beurteilen. Beispielsweise könnte man sich die Frage stellen, ob aus Unternehmenssicht eine Spende an das Deutsche Rote Kreuz besser für die Gesellschaft ist als eine Spende an den Kinderschutzbund. Die Schwierigkeit, Fragen wie diese zu beantworten, veranlassen Führungskräfte in Unternehmen dazu, Entscheidungen für oder gegen eine CSR-Maßnahme primär auf der Basis ökonomischer Kriterien zu treffen.[30]

Betrachtet man die Vorteile von CSR, so ist zunächst festzuhalten, dass es keine Belege dafür gibt, dass die Durchführung einer CSR-Maßnahme Einfluss auf den wirtschaftlichen Erfolg eines Unternehmens hat.[31] Die Vorteile, die CSR bietet, sind in der Regel eher qualitativer Natur und daher schwer zu messen sowie einer CSR-Maßnahme zuzuordnen.[32] Vor allem die Aufwertung des Unternehmensimages gegenüber Stakeholdern wie Verbrauchern, Arbeitnehmern und Investoren wird als ein positiver Effekt von CSR-Maßnahmen genannt.[33] Als Vorteile für Unternehmen werden in diesem Zusammenhang eine höhere Kundenzufriedenheit, mehr qualifizierte Bewerber und günstigere Konditionen bei Kapitalgebern angeführt.[34]

Die mit CSR verbundenen Vorteile scheinen für Unternehmen, die sich in einer wirtschaftlich schwierigen Situation befinden, von nachrangiger Bedeutung zu sein. Es gibt Hinweise darauf, dass Unternehmen, sobald sie finanziell unter Druck geraten, gesellschaftliches Engagement einstellen, um Kosten zu sparen.[35]

---

[29] Vgl. Banerjee, B. S. (2007), S. 54.
[30] Vgl. Jennings, V. (2004), S. 166; Banerjee, B. S. (2007), S.85 ff.
[31] Vgl. Vogel, D. (2005), S. 17.
[32] Vgl. Kolter, P., Lee, N. (2005), S. 21; Vogel, D. (2005), S. 2 f. u. 73.
[33] Vgl. Vogel, D. (2005), S. 46.
[34] Vgl. Howes, R. (2004), S. 104 f.; Idowu, S. O., Filho, W. L. (2009), S. 2; Vogel, D. (2005), S. 16 f. u. 46 ff.
[35] Vgl. Banerjee, B. S. (2007), S. 58 f.; Braun, S., Loew, T. (2009), S. 12.

2.2 Ökologisches Fuhrparkmanagement

Im folgenden Teil der Untersuchung soll herausgearbeitet werden, wodurch sich das ökologische vom konventionellen Fuhrparkmanagement grundsätzlich unterscheidet. Vor diesem Hintergrund und im Hinblick auf CSR soll die Frage beantwortet werden, inwieweit bei den Zielen des ökologischen Fuhrparkmanagements Zielkonvergenz bzw. -divergenz vorliegt. Daneben wird auf die Besonderheit einer ökologischen Neuausrichtung der Dienstwagenordnung eingegangen.

2.2.1 Aufgaben und Ziele

Unter Fuhrparkmanagement in Unternehmen ist die Analyse, Optimierung, Organisation und Verwaltung des Unternehmensfuhrparks zu verstehen. Im Mittelpunkt aller Aktivitäten steht die Minimierung der Fuhrparkkosten und darüber hinaus die Erfüllung der Mobilitätsanforderungen von Mitarbeitern.[36]

Ein ökologisches Fuhrparkmanagement als eine Teilaufgabe von CSR verfolgt nicht nur das ökonomische Ziel der Kostenminimierung, es setzt sich darüber hinaus auch das ökologische Ziel, die CO_2-Emissionen des Unternehmensfuhrparks zu minimieren.[37] Der Fokus liegt dabei in der Regel auf CO_2-Emissionen, da deren Anstieg als Hauptursache für das weltweit größte Umweltproblem gilt – den Treibhauseffekt.[38]

Die beiden Ziele Kostenminimierung und Emissionsminimierung können einerseits zueinander in Konflikt stehen und sich andererseits gegenseitig ergänzen. Ein Zielkonflikt wird beispielsweise bei der Betrachtung der Kosten deutlich, die mit der Umstellung auf alternative Antriebe einhergehen.[39] Laut einer Dataforce-Studie aus 2008 hindern beispielsweise 31 Prozent von 561 befragten Fuhrparkverantwortlichen in deutschen Unternehmen zu hohe Anschaffungskosten an der Umstellung des Fuhrparks auf alternative Antriebe.[40] Mithilfe des ökologischen Fuhrparkmanagements können Unternehmen jedoch ihrer ökonomischen wie auch ökologischen Verantwortung gleichsam gerecht werden.[41] Beispielsweise können durch den Einsatz kraftstoffsparender Dieselfahrzeuge die CO_2-Emissionen und die Kraftstoffkosten so weit gesenkt

---

[36] Vgl. Birkner, G., Dröge, A. (2009), S. 20; Whyte, S. (2009), S. 1.
[37] Vgl. Zimmer, W. et al. (2009), S. 5; Birkner, G., Dröge, A. (2009), S. 46.
[38] Vgl. Lottsiepen, G., Lange, K. (2009), S. 14; Matthes, F. C. (1998), S. 3.
[39] Vgl. Webb, J. (2009), S. 28.
[40] Vgl. Birkner, G., Dröge, A. (2009), S. 11.
[41] Vgl. Ungericht, B. Raith, D., Korenjak, T. (2008), S. 95.

werden, dass die Gesamtbetriebskosten trotz zusätzlicher Anschaffungs- bzw. Leasingkosten geringer sind als die konventioneller Dieselfahrzeuge.[42] In welchem Maße die Kosten und/oder die CO_2-Emissionen im Fuhrpark gesenkt werden können, hängt auch zu einem großen Teil vom Verhalten der Dienstwagenfahrer ab. So kann eine Fahrweise mit geringem Kraftstoffverbrauch die Kosten und die CO_2-Emissionen verringern. Zudem haben Dienstwagenfahrer bei der Auswahl ihres Dienstfahrzeugs häufig ein Mitspracherecht und somit Einfluss auf Kosten und CO_2-Emissionen.[43]

Ein mögliches Kriterium für die Bewertung von Strategien im Rahmen des ökologischen Fuhrparkmanagements sind CO_2-Vermeidungskosten. Durch die Berechnung der möglichen zukünftigen Kosten pro eingesparte Tonne CO_2 kann zwischen verschiedenen Maßnahmen zur Emissionsminderung eine Vergleichsbasis geschaffen werden.[44]

Das Ziel, die Mobilität der Mitarbeiter zu gewährleisten, steht im Regelfall im Konflikt mit den anderen beiden Zielen. Beispielsweise könnte ein Elektroauto als Dienstwagen insbesondere aus ökologischer Sicht vorteilhafter sein als ein konventionelles Fahrzeug. Die geringe Reichweite eines Elektroautos und die geringe Anzahl Stromtankstellen würde jedoch insbesondere die Mobilität derjenigen Dienstwagenfahrer einschränken, die täglich vor allem außerorts und in ländlichen Gebieten unterwegs sind.[45]

2.2.2 Dienstwagenordnung

In der Dienstwagenordnung von Unternehmen ist festgehalten, an welche Vorgaben sich Mitarbeiter halten müssen. Das betrifft die Auswahl, die Nutzung und die Rückgabe eines Dienstwagens.[46] Entscheidet sich ein Unternehmen für ein ökologisches Fuhrparkmanagement, so wird in der Regel eine ökologische Umgestaltung der Dienstwagenordnung vorgenommen, um Ansätze zur Emissionsminderung zu integrieren.[47] Ein solcher Ansatz könnte zum Beispiel den Dienstwagenfahrern den Anreiz geben, für die Auswahl von Fahrzeugen mit alternativen Antriebskonzepten oder für eine kraftstoffsparende Fahrweise finanziell belohnt zu werden.[48]

---

[42] Vgl. Flottenmanagement 4 (2008).S. 39.
[43] Vgl. Birkner, G., Dröge, A. (2009), S. 37 u. 47 ff.
[44] Vgl. Vahlenkamp, T. (2007), S. 11.
[45] Vgl. Bensmann, M. (2007), S. 28; Autoflotte online (2009), S. 1.
[46] Vgl. Eck, W. A. (2009), S. 27; Birkner, G., Dröge, A. (2009), S. 20.
[47] Vgl. Flottenmanagement 4 (2009).S. 36; Geiger, J. (2008b), S. 32.
[48] Vgl. Schwamberger, A. (2009), S. 15.

Wird durch eine Änderung der Dienstwagenordnung die Auswahl von Mitarbeitern eingeschränkt, wie beispielsweise durch die Begrenzung des Fahrzeugangebots auf kleinere Fahrzeuge bzw. Fahrzeuge mit geringerer Motorisierung, so ist grundsätzlich die Zustimmung aller Dienstwagenfahrer notwendig. Es gilt jedoch eine Ausnahme: Die Zustimmung ist nicht notwendig, wenn Arbeitsvertrag und Dienstwagenordnung ein sogenanntes Leistungsbestimmungsrecht des Arbeitgebers enthalten, wonach es dem Unternehmen freisteht, Leistungszusagen an seine Mitarbeiter zu revidieren.[49] Gibt es dieses Recht des Arbeitgebers nicht, so besteht die Möglichkeit, dass die Mitarbeiter der ökologischen Neuausrichtung nicht zustimmen, da sie etwa umweltfreundlichere Fahrzeuge nicht akzeptieren und ihren nächsten Dienstwagen eher nach anderen Kriterien auswählen wollen.[50]

2.2.3 Kritische Würdigung

Projekte wie das „Green Fleet"-Projekt von SAP, die zum Ziel haben, die CO_2-Emissionen im Unternehmensfuhrpark zu senken, finden häufig positive Resonanz in der Öffentlichkeit und können das Unternehmensimage verbessern. Das Mannheimer Unternehmen plant, zukünftig circa 100 Elektrofahrzeuge im Unternehmensfuhrpark ausschließlich mit Strom zu betreiben, der aus erneuerbaren Energien gewonnen wird.[51] Fraglich an solchen Projekten ist allerdings, inwieweit neben dem Ziel der Emissionsminimierung auch das Ziel der Kostenminimierung verfolgt wird.

Bevor Unternehmen wie SAP jedoch durch die ökologische Ausrichtung des Fuhrparkmanagements ihr Unternehmensimage aufbessern, muss zunächst die Hürde der ökologischen Umgestaltung der Dienstwagenordnung genommen werden.[52]

Demnach beeinflusst nicht nur die Bereitschaft von Dienstwagenfahrern die CO_2- und Kraftstoffeinsparungen. Sie ist ebenfalls für die ökologische Umgestaltung der Dienstwagenordnung relevant. Daraus ergibt sich die Frage, welche Ansätze sich am ehesten eignen, um die CO_2-Emissionen im Fuhrpark zu mindern und/oder die Wirtschaftlichkeit des Fuhrparks zu erhöhen.[53]

---

[49] Vgl. Geiger, J. (2008b), S. 32.
[50] Vgl. Birkner, G., Dröge, A. (2009), S. 47 ff.
[51] Vgl. conenergy (2009), S. 17.
[52] Vgl. Eck, W. A. (2009), S. 28.
[53] Vgl. Whyte, S. (2009), S. 6; Birkner, G., Dröge, A. (2009), S. 49.

3 Ansätze zur Emissionsminderung im Fuhrpark

Im Jahr 2009 wurden Fuhrparkverantwortliche nach der Bedeutung des Umweltschutzes in ihren Unternehmen und deren Auswirkung auf den Fuhrpark telefonisch befragt. Diese vom Leasing-Dienstleister „Corporate Vehicle Observatory" beauftragte Studie richtete sich an insgesamt 60 Unternehmen in Deutschland, die jeweils mehr als 1.000 Mitarbeiter beschäftigen. 78 Prozent der Befragten gaben darin an, dass sie die Absicht haben, in den nächsten drei Jahren umweltschonende Fahrzeuge im Fuhrpark zu nutzen. Bei diesen Fahrzeugen stehen laut den Befragten solche mit Umweltlabel, in denen Spritspartechnik verwendet wird, an erster Stelle, gefolgt von Gas- und Hybridfahrzeugen. Elektrische und mit Biokraftstoffen betriebene Fahrzeuge planen jeweils 14 Prozent der befragten Fuhrparkmanager in den nächsten drei Jahren einzusetzen.[54]

Diese Ergebnisse werfen die Fragen auf, welche gängigen Ansätze es zur Minderung der Emissionen im Fuhrpark gibt und welche Vor- und Nachteile sie in Bezug auf die Aufgaben und Ziele des ökologischen Fuhrparkmanagements haben. Diese Fragen soll unter anderem im Rahmen dieses Kapitels beantwortet werden.

Die im Folgenden vorgestellten Ansätze unterscheiden sich in fahrzeuginduzierte, kraftstoffinduzierte und fahrerinduzierte Emissionsminderung. Zunächst werden aus jeder Gruppe jeweils mindestens zwei der wesentlichen Ansätze vorgestellt und beurteilt.

Fahrzeuginduzierte Emissionsminderungen können durch den Betrieb von Dienstfahrzeugen erzielt werden, in denen zum Beispiel kraftstoffsparende Techniken oder alternative Antriebskonzepte Verwendung finden. Kraftstoffinduzierte Emissionsminderungen werden durch die Substitution konventioneller Kraftstoffe oder durch alternative Kraftstoffe wie Biokraftstoffe, Autogas oder Erdgas erzielt werden. Die Ansätze zur fahrerinduzierten Emissionsminderung zeigen hingegen die Möglichkeiten für Fuhrparkverantwortliche auf, das Verhalten von Dienstwagenfahrern so zu beeinflussen, dass die CO_2-Emissionen und Kosten des Fuhrparks gesenkt werden.

---

[54] Vgl. CVO (2009), S. 7 ff. u. 39 f.

Im Rahmen der Recherche wurden darüber hinaus weitere Ansätze gefunden, die jedoch in der Fachliteratur eine eher untergeordnete Rolle spielen. Diese werden am Ende des Kapitels der Vollständigkeit halber genannt.

Das Ziel dieses Kapitels ist es, nach der Bewertung der einzelnen Ansätze diejenigen für die spätere Szenarioanalyse auszuwählen, die aus heutiger Sicht für Fuhrparkverantwortliche unmittelbar umsetzbar sind, um deren Aufgaben und Ziele zu verfolgen.

Die Ziele des ökologischen Fuhrparkmanagements Kostenminimierung und Minimierung der CO_2-Emissionen können allerdings mithilfe der Ansätze in unterschiedlichem Maße angestrebt werden. Daher bietet es sich an, für die Szenarioanalyse im Praxisbeispiel jeweils einen Ansatz auszuwählen und separat zu untersuchen, der – unter Berücksichtigung der Gewährleistung der Mobilität der Mitarbeiter – am ehesten der Kosten- oder CO_2-Minimierung dienen kann. Da der Handlungsspielraum eines ökologischen Fuhrparkmanagements deutlich durch das Verhalten der Dienstwagenfahrer beeinflusst werden kann, sollte darüber hinaus ein Ansatz ausgewählt werden, bei dem die genauen Einsparungen der Kosten und der CO_2-Emissionen im Wesentlichen von der Bereitschaft der Dienstwagenfahrer abhängen.

Sind die drei Ansätze identifiziert, so dienen deren Bewertungsergebnisse der Anwendung der Szenarioanalyse im Praxisbeispiel. Aus den Vor- und Nachteilen der Ansätze können die Schüsselfaktoren abgeleitet werden, die aus dem Umfeld heraus auf die Aufgaben und Ziele des ökologischen Fuhrparkmanagements einwirken.

3.1 Fahrzeuginduzierte Emissionsminderung
3.1.1 Umweltlabel

Rund drei Viertel der Fahrzeuge in deutschen Fuhrparks sind Dieselfahrzeuge.[55] In den letzten Jahren ist die Entwicklung kraftstoffsparender Techniken, wie zum Beispiel Systeme zur Reduktion der Motorreibung oder Abgasnachbehandlungssysteme, stark vorangeschritten.[56] Einige Hersteller verwenden auch Mikro- und Mild-Hybrid-Systeme zur Verbrauchs- und CO_2-Reduktion.[57] Fahrzeugmodelle, in denen diese Techniken zum Einsatz kommen, erhalten von den Herstellern sogenannte Umweltlabel. Zum

---

[55] Vgl. Flottenmanagement 6 (2006), S. 35.
[56] Vgl. Grünwald, R. (2006), S. 49; ADAC (2009a), S. 12; Heymann, E., Zähres, M. (2009), S. 8.
[57] Vgl. TÜV SÜD (2009), S. 3.

Beispiel gibt VW diesen Modellen den Zusatz BlueMotion, und BMW spricht in diesem Zusammenhang von Fahrzeugen, die auf dem „Efficient Dynamics"-Konzept basieren.[58]

Die CO_2-Emissionen der Fahrzeuge mit Umweltlabel sind überwiegend zwischen 10 Prozent und 30 Prozent geringer als die der Basis-Modelle.[59] Durch die Weiterentwicklung kraftstoffsparender Techniken kann zukünftig eine weitere Effizienzsteigerung von bis zu 30 Prozent erwartet werden. Dass der ohnehin relativ geringe Kraftstoffverbrauch und CO_2-Ausstoß durch diese Techniken zukünftig noch weiter gesenkt werden kann, spricht aus ökonomischer wie ökologischer Sicht deutlich für ein Dienstfahrzeug mit Dieselmotor.[60] Allerdings erhöhen kraftstoffsparende Techniken die Anschaffungskosten: Je nach Modell sind für Dieselfahrzeuge mit Umweltlabel zwischen 500 bis 2.000 Euro Aufpreis zu zahlen.[61]

Darüber hinaus könnten die Anschaffungskosten eines Dieselfahrzeugs zukünftig weiter steigen. In der EU gelten verbindliche Vorgaben für die Reduktion des CO_2-Ausstoßes von Neuwagen: Bis 2015 muss die gesamte Neuwagenflotte der Europäischen Automobilhersteller den durchschnittlichen CO_2-Grenzwert von 120 Gramm pro Kilometer einhalten. Für jeden Neuwagen, der im Zeitraum von 2015 bis 2018 verkauft wird und den Grenzwert überschreitet, müssen Hersteller Strafzahlungen je Gramm und Fahrzeug in Höhe von bis zu 95 Euro an die EU übermitteln.[62] Für den Fall, dass Automobilhersteller von der EU für eine Grenzwertüberschreitung bestraft werden, würden die Hersteller vermutlich die Fahrzeugpreise erhöhen, um die Strafzahlungen zu kompensieren.

Einen der größten Nachteile, der mit dem Betrieb von Dieselfahrzeugen im Unternehmensfuhrpark verbunden ist, stellt die Verknappung der Ressource Erdöl und der damit verbundene Preisanstieg bei Kraftstoffen dar. Die globalen Rohölreserven in Höhe von etwa 1,3 Milliarden Barrel werden unter Berücksichtigung der Fördermenge 2008 und ohne Einbeziehung des kanadischen Ölsands voraussichtlich für die weltweite Ölnach-

---

[58] Vgl. Dings, J. (2008), S. 10; Boblenz, H. (2008a), S. 14.
[59] Vgl. Zimmer, W., Fritsche, U. (2008), S. 14.
[60] Vgl. Puls, T. (2006), S. 25 ff.
[61] Vgl. Flottenmanagement 4 (2008), S. 40.
[62] Vgl. Heymann, E., Zähres, M. (2009), S. 3 ff.

frage der nächsten 42 Jahre ausreichen.[63] Im August 2008 erreichte der Preis pro Liter Dieselkraftstoff mit 1,50 Euro einen Höchststand.[64] Die genaue Entwicklung des Verbraucherpreises für Dieselkraftstoff ist in der Abbildung 3 grafisch dargestellt.

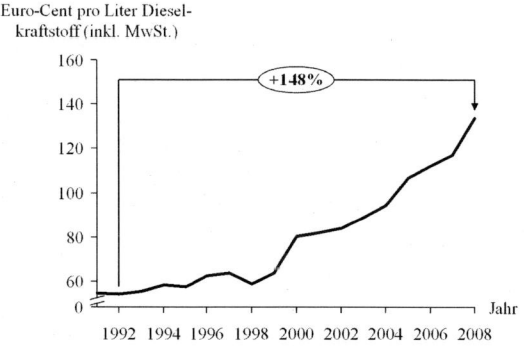

Abbildung 3: Entwicklung des Verbraucherpreises für Dieselkraftstoff
Quelle: Eigene Darstellung in Anlehnung an BMWI (2009).

Obwohl der Preis für Dieselkraftstoff steigt, stellen kraftstoffsparende Dieselfahrzeuge als Dienstfahrzeuge derzeit eine verhältnismäßig kostengünstige Alternative zu konventionellen Dieselfahrzeuge dar.[65]

Dienstwagenfahrer mit Dieselfahrzeug können außerdem ein engmaschiges Tankstellennetz nutzen. Zwar ist die Anzahl der Tankstellen in Deutschland seit 2004 jedes Jahr gesunken. Das heutige Tankstellennetz mit rund 15.000 Tankstellen ist jedoch ein klares Argument für Diesel als Kraftstoff.[66]

3.1.2 Alternative Antriebskonzepte
3.1.2.1 Hybrid-Technologie

Die Hybrid-Technologie ist als Vorstufe der Elektromobilität zu verstehen.[67] Ein Hybridfahrzeug zeichnet sich dadurch aus, dass es bivalent angetrieben wird.[68] In der Regel handelt es sich um die Kombination eines Verbrennungs- mit einem Elektromotor.[69] Wie in Abbildung 4 dargestellt, werden diese in unterschiedlicher Weise miteinander zu Hybrid-Konzepten wie Mikro-, Mild-, Full- und Plug-In-Hybrid verknüpft.

---

[63] Vgl. BP (2009), S. 6 u. 10.
[64] Vgl. Kittler, E., Boblenz, H. (2008), S. 20.
[65] Vgl. Puls, T. (2006), S. 91.
[66] Vgl. EID (2009), S. 1; Puls, T. (2006), S. 25.
[67] Vgl. AEE (2009b), S. 2.
[68] Vgl. WWF (2009), S. 9
[69] Vgl. Grünwald, R. (2006), S. 53.

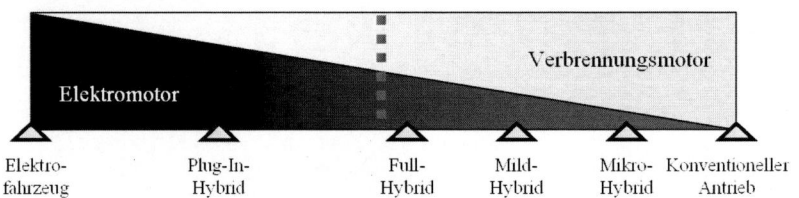

Abbildung 4: Hybrid-Technologie: Übergang zur Elektromobilität
Quelle: Eigene Darstellung in Anlehnung an Lahl, U. (2009), S. 5.

Die Funktion eines Mikro-Hybrid-Antriebs ist die sogenannte Stopp/Start-Automatik. Kommt ein Fahrzeug mit Mikro-Hybrid-Antrieb im laufenden Straßenverkehr zum Stillstand, beispielsweise vor einer roten Ampel, so wird mithilfe der Stopp/Start-Automatik der Verbrennungsmotor in dem Fahrzeug ausgeschaltet und vor der erneuten Anfahrt ein Elektromotor verwendet, um den Verbrennungsmotor wieder zu starten.[70] Die Mikro-Hybrid-Technologie wird zum Beispiel seit 2007 in der 1er-Reihe von BMW verwendet.[71]

Der Mild-Hybrid hat neben der Stopp/Start-Automatik zusätzlich Funktionen wie regeneratives Bremsen und Anfahrts- und Antriebsunterstützung. Beim regenerativen Bremsen wird die Batterie des Elektromotors über die Bremsenergie des Fahrzeugs aufgeladen. Zu Zeiten hoher Lasten, beispielsweise bei der Anfahrt oder bei Überholmanövern, hat der Elektromotor darüber hinaus die Funktion, den Verbrennungsmotor mit zusätzlicher Energie bei der Beschleunigung des Fahrzeugs zu unterstützen.[72] Ein solcher Mild-Hybrid-Antrieb befindet sich zum Beispiel seit 2006 im „Honda Civic IMA".[73]

Der Full-Hybrid-Antrieb eint alle bisher beschriebenen Funktionen und bietet außerdem die Möglichkeit, den Elektromotor als selbstständigen Antrieb zu nutzen. Dazu ist ein leistungsstärkerer und größerer Elektromotor erforderlich, dessen Batterie nicht allein durch regeneratives Bremsen, sondern zusätzlich über den Verbrennungsmotor geladen werden kann.[74] Einen Full-Hybrid-Antrieb hat beispielsweise das Modell „Prius" von Toyota, das 1997 als das weltweit erste Hybridfahrzeug in Serie produziert wurde.[75]

---

[70] Vgl. Wallentowitz, H., Reif, K. (2006), S. 244 ff.; WWF (2009), S. 9.
[71] Vgl. Bensmann, M. (2007), S. 26.
[72] Vgl. WWF (2009), S. 9; Wallentowitz, H., Reif, K. (2006), S. 244 ff.
[73] Vgl. Bensmann, M. (2007), S. 24.
[74] Vgl. Wallentowitz, H., Reif, K. (2006), S. 244 ff.; WWF (2009), S. 9.
[75] Vgl. Jensen, D. (2008), S. 56; Pehnt, M., Höpfner, U. (2007), S. 4.

Das Antriebskonzept eines Full-Hybridfahrzeugs, dessen Batterie zudem an ein Stromnetz angeschlossen werden kann und das daneben einen langen rein elektrischen Fahrbetrieb ermöglicht, bezeichnet man als „Plug-In-Hybrid".[76] Der Verbrennungsmotor ist bei diesem Antriebskonzept ein sogenannter Reichweitenverlängerer („Range Extender"), der für längere Strecken zugeschaltet wird.[77] Zusammenfassend sie die Gemeinsamkeiten und Unterschiede von Hybrid-Antrieben in der Abbildung 5 dargestellt.

Funktion wird unterstützt	Micro-Hybrid	Mild-Hybrid	Full-Hybrid	Plug-In-Hybrid
Stopp-Start-Automatik	■	■	■	■
Regeneratives Bremsen		■	■	■
Anfahrts- und Antriebsunterstützung		■	■	■
Batteriebetriebenes Fahren			■	■
Range Extender				■
Fahrzeuge, die diesen Antrieb verwenden	BMW 1er-Reihe (ab 2007)	Honda Civic IMA (ab 2006)	Toyota Prius (ab 1997)	Opel Ampera (ab 2011)

Abbildung 5: Gemeinsamkeiten und Unterschiede von Hybrid-Antrieben
Quelle: Eigene Darstellung in Anlehnung an Wallentowitz, H., Reif, K. (2006), S. 244 ff.; Bensmann, M. (2007), S. 24 ff.; WWF (2009), S. 9; Jensen, D. (2008), S. 56; Pehnt, M., Höpfner, U. (2007), S. 4; Lunz, B. (2008), S. 30; Reh, W. (2009), S. 2.

Ein Hybridfahrzeug kann etwa bis zu 30 Prozent teurer in der Anschaffung sein als ein vergleichbares konventionelles Fahrzeug.[78] Diese Zusatzkosten entstehen vor allem durch die Batterie und das bivalente Antriebskonzept. Zurzeit kosten die häufig verwendeten Lithium-Ionen-Batterien etwa 800 bis 1.000 Euro pro Kilowattstunde, wobei die Batteriekapazität je nach Fahrzeugtyp zwischen 1,5 und 18 Kilowattstunden liegen kann.[79] Nicht nur die höheren Anschaffungskosten sprechen gegen ein Hybridfahrzeug als Dienstwagen, sondern auch das eingeschränkte Fahrzeugangebot.[80]

Betrachtet man die Vorteile von Hybridfahrzeugen, so ist hervorzuheben, dass vor allem beim rein elektrischen Betrieb im Stadtverkehr die Hybrid-Technologie Kraftstoffersparnisse von bis zu 25 Prozent gegenüber konventionellen Verbrennungsmotoren

---

[76] Vgl. Pehnt, M., Höpfner, U. (2007), S. 4.; Hackbarth, A., Schürmann, G., Madlener, R. (2009), S. 60.
[77] Vgl. Lunz, B. (2008), S. 30.
[78] Vgl. Heymann, E. (2007), S. 28; Grünwald, R. (2006), S. 59.
[79] Vgl. Hackbarth, A., Schürmann, G., Madlener, R. (2009), S. 60 f.
[80] Vgl. Zimmer, W. et al. (2009), S. 20.

ausweisen kann und sich diese Einsparungen im gleichen Maße auf die CO_2-Emissionen auswirken.[81] Auf Strecken mit einem hohen Außerorts-Anteil verursachen Hybridfahrzeuge im Vergleich zu modernen Dieselfahrzeugen allerdings mehr Kosten und CO_2-Emissionen aufgrund des Zusatzgewichts der Hybridkomponenten.[82]

3.1.2.2 Elektromobilität

Elektrofahrzeuge fahren ausschließlich batteriebetrieben.[83] Die Anzahl batteriebetriebener Elektrofahrzeuge ist in Deutschland vergleichsweise gering: In 2007 waren insgesamt rund 3.000 Elektroautos zugelassen, zu denen acht Neuzulassungen zählten.[84] Das liegt nicht zuletzt daran, dass die Fahrzeugauswahl noch sehr eingeschränkt ist. Allerdings soll es zukünftig deutlich mehr Elektrofahrzeuge in Deutschland geben: Die deutsche Bundesregierung verfolgt mit dem „Nationalen Entwicklungsplan Elektromobilität" das Ziel, dass bis 2020 eine Million Elektrofahrzeuge in Deutschland zugelassen sein werden.[85] Trotz dieser politischen Bemühungen ist der Kauf von Elektrofahrzeugen derzeit in Deutschland mit keinerlei Anreizen seitens der Politik verbunden – weder für Verbraucher noch für Fuhrparkbetreiber.[86]

Der Einsatz von Elektrofahrzeugen im Fuhrpark hätte den Vorteil, dass die Abhängigkeit des Unternehmens vom stark fluktuierenden und langfristig ansteigenden Ölpreis vermindert wird. Die Stromgebühren könnten zwar ebenfalls langfristig ansteigen, allerdings sind sie üblicherweise für mehrere Monate oder Jahre festgeschrieben.[87]

Lokal erzeugen Elektrofahrzeuge keine Emissionen.[88] Allerdings muss bedacht werden, dass es bei der Stromerzeugung zum Ausstoß von CO_2 kommt. Kritiker der Elektromobilität behaupten, dass das Elektroauto als Stromverbraucher zum Bau zusätzlicher Kohlekraftwerke führen könnte und in diesem Fall die CO_2-Emissionen eines Elektroautos pro Kilometer höher wären als die eines Dieselfahrzeugs. Angenommen, der zusätzlich benötigte Strom würde ausschließlich aus Steinkohle gewonnen, so wären die CO_2-Emissionen eines Elektroautos pro Kilometer, wie in Abbildung 6 dargestellt, rund

---

[81] Vgl. Heymann, E., Zähres, M. (2009), S. 10; Heymann, E. (2007), S. 28.
[82] Vgl. Heymann, E. (2007), S. 28.
[83] Vgl. Gao, P., Wang, A., Wu, A. (2008), S.4.
[84] Vgl. Zimmer, W. et al. (2009), S. 21.
[85] Vgl. BMVBS (2009), S. 2.
[86] Vgl. conlenergy (2009), S. 7, S. 12 f. u. 17.
[87] Vgl. Biere, D., Dallinger, D. Wietschel, M. (2009), S. 173; Franken, M. (2008), S. 49.
[88] Vgl. Pehnt, M., Höpfner, U. (2007), S. 5.

23 Prozent höher als die eines Dieselfahrzeugs.[89] Daher hat sich die Ansicht durchgesetzt, dass der Einstieg in die Elektromobilität mit dem Ausbau erneuerbarer Energien einhergehen muss.[90]

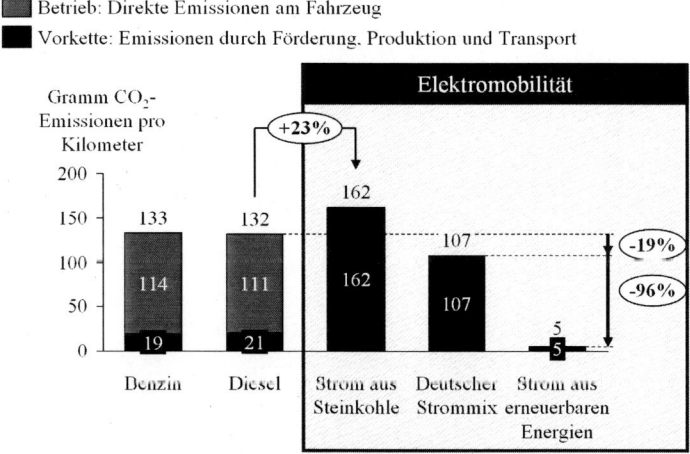

Abbildung 6: CO$_2$-Emissionen: Verbrennungsmotoren vs. Elektromobilität
Quelle: Eigene Darstellung in Anlehnung an EAA (2009), S. 33.

Die Anschaffungs- bzw. Leasingkosten für ein Elektroauto sind im Vergleich zu einem konventionellen Dieselfahrzeug insbesondere wegen der Kosten der Batterie deutlich höher: Eine gewöhnlich für Elektroautos verwendete Batterie mit 15 Kilowattstunden führt zu rund 16.000 Euro höheren Anschaffungskosten.[91]

Zu den weiteren Nachteilen von Elektroautos gehört deren geringe Reichweite.[92] Aufgrund der geringen Energiedichte von Batterien haben Elektroautos derzeit eine Reichweite von rund 70 bis 100 Kilometern. Zukünftig ist eine maximale Reichweite von 200 Kilometern vorstellbar.[93] Daher erfordern Elektroautos ein engmaschiges Stromtankstellennetz.[94] Die Anzahl der öffentlichen Aufladestationen in Deutschland wird im Wesentlichen vom Energiekonzern RWE gesteigert: Mitte Oktober summierten sich die von RWE in Deutschland installierten Aufladestationen auf 130 – bis Mitte 2010 möchte das Unternehmen beispielsweise 500 Ladestationen in Berlin installiert haben.[95]

---

[89] Vgl. AEE (2009), S. 33; Pehnt, M., Höpfner, U. (2007), S. 8.
[90] Vgl. Pehnt, M., Höpfner, U. (2007), S. 10; AEE (2009), S. 55.
[91] Vgl. Dinger, A. et. al., S. 8.
[92] Vgl. Bensmann, M. (2007), S. 28.
[93] Vgl. Zimmer, W. et al. (2009), S. 21; Pehnt, M., Höpfner, U. (2007), S. 4; Bensmann, M. (2007), S. 28.
[94] Vgl. Pehnt, M., Höpfner, U. (2007), S. 8.
[95] Vgl. Autoflotte online (2009), S. 1.

Die Ladeinfrastruktur könnte allerdings von Fuhrparkverantwortlichen selbst ausgebaut werden. Dadurch würden neben den zusätzlichen Anschaffungskosten für Elektrofahrzeuge noch weitere Kosten für die Anschaffung oder Miete von Aufladestationen entstehen.[96] Beispielsweise bietet RWE ein leichtes Nutzfahrzeug und einen Kleinwagen zusammen mit einer Aufladebox oder einer Aufladesäule an. Neben den monatlichen 899 Euro Leasingkosten für eines der Fahrzeuge entstehen weitere 69 Euro bzw. 199 Euro Miete pro Monat für die Aufladebox bzw. die Ladesäule.[97]

3.2 Kraftstoffinduzierte Emissionsminderung
3.2.1 Biokraftstoffe Biodiesel und Bioethanol

Biodiesel, auch Rapsmethylester (RME) genannt, das aus dem Öl der Samen der Rapspflanze gewonnen wird, sowie Bioethanol, das zum Beispiel aus Weizen oder Zuckerrüben gewonnen wird, gehören zu den sogenannten Biokraftstoffen.[98]

Biokraftstoffe können als Reinkraftstoff oder als Beimischung zu den konventionellen fossilen Kraftstoffen dienen.[99] Am häufigsten werden sie als Beimischung verwendet. Benzin oder Diesel können in Deutschland bereits heute bis zu 5 Prozent Biokraftstoffe enthalten. Als Beimischung zu Diesel wird Biodiesel und als Beimischung zu Benzin wird Bioethanol verwendet.[100] Durch den Einsatz von Biokraftstoffen kann die Abhängigkeit eines Fuhrparks von Erdöl verringert werden.[101] Biokraftstoffe sind im Gegensatz zu Erdöl regenerativ. Jedes Jahr wächst weltweit das 22-Fache der Energie des jährlich geförderten Erdöls in Pflanzen und Biomasse nach.[102]

Durch den Einsatz von Biokraftstoffen wird nicht nur die Abhängigkeit vom Erdöl gesenkt, sondern auch die Emissionen von Fahrzeugen, da bei deren Produktion Nebenprodukte zur weiteren Nutzung entstehen.[103] Wie in der Abbildung 7 dargestellt, können dadurch die CO_2-Emissionen der Vorkette negativ werden.[104]

---

[96] Vgl. Hackbarth, A., Schürmann, G., Madlener, R. (2009), S. 60.
[97] Vgl. RWE (2009), S. 5.
[98] Vgl. Zimmer, W. et al. (2009), S. 21 u. 31; Goodall, N. (2009), S. 14.
[99] Vgl. VDA (2009), S. 16.
[100] Vgl. Goodall, N. (2009), S. 14.
[101] Vgl. VDA (2009), S. 16.
[102] Vgl. Stan, C. (2008), S. 13.
[103] Vgl. Goodall, N. (2009), S. 14 ff.
[104] Vgl. Zimmer, W. et al. (2009), S. 33.

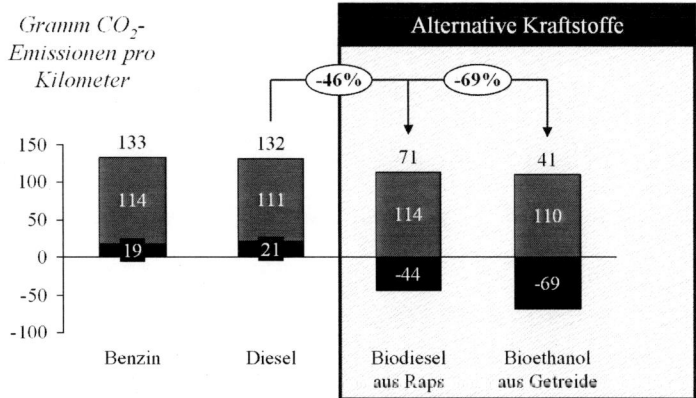

Abbildung 7: CO₂-Emissionen: Verbrennungsmotoren vs. alternative Kraftstoffe
Quelle: Eigene Darstellung in Anlehnung an EAA (2009), S. 33.

Die Bereitstellungskosten je Liter Biokraftstoff sind zwar höher als die für konventionelle Kraftstoffe, allerdings sind Biokraftstoffe derzeit in Deutschland von der Mineralölsteuer befreit und daher günstiger. Beispielsweise lagen die Bereitstellungskosten in 2005 bei rund 43 Cent je Liter Diesel und 76 Cent je Liter Biodiesel. Der Liter Biodiesel verteuerte sich durch Mineralölsteuer um 60 Prozent auf 1,12 Euro.

Das Tankstellennetz für Biodiesel als Reinkraftstoff ist mit rund 1.900 Tankstellen in Deutschland vergleichsweise engmaschig.[105] Für Fuhrparkverantwortliche, die für den Fuhrpark vor allem Diesel-Neufahrzeuge beschaffen, stellt Biodiesel als Reinkraftstoff keine Option dar, weil deren Filtertechnik nicht für den Betrieb mit Biodiesel geeignet ist.[106] Allerdings gibt es für einige Dieselfahrzeuge früheren Baujahrs eine Freigabe für Biodiesel.[107]

Bioethanol wird in einer Mischung aus Bioethanol (85 Prozent) und Benzin (15 Prozent) als Kraftstoff in sogenannten Flexible Fuel Vehicles (FFV) verwendet, die von einigen Herstellern mit einem bis zu 1.400 Euro höheren Preis angeboten werden. Allerdings kann diese Kraftstoffmischung derzeit nur an rund 70 Tankstellen in Deutschland getankt werden.[108]

---

[105] Vgl. Puls, T. (2006), S. 46 ff.
[106] Vgl. ADAC (2009b), S. 2; Velten, C. (2008), S. 41.
[107] Vgl. IWR (2006), S. 1 ff.
[108] Vgl. Velten, C. (2008), S. 41.

3.2.2 Autogas und Erdgas

Autogas[109] besteht aus einem flüssigen Gemisch aus Propan und Butan.[110] Mit Autogas betriebene Fahrzeuge sind in der Regel gebrauchte Benzin-Fahrzeuge, die nach einer Umrüstung bivalent mit Benzin und Autogas betrieben werden können.[111] Erdgas[112] besteht aus gasförmigem Methan. Monovalente und bivalente Erdgas-Fahrzeuge werden in der Regel serienmäßig als Neuwagen mit Preisaufschlägen im Vergleich zu konventionellen Fahrzeugen angeboten. Die bivalenten Varianten ermöglichen beim Fahrbetrieb die Wahl zwischen Benzin oder Erdgas als Kraftstoff.[113]

In Deutschland ist Autogas bis 2018 und Erdgas bis 2020 steuerbegünstigt. Den geringeren Kraftstoffkosten stehen allerdings zusätzliche Anschaffungs- bzw. Umrüstungskosten gegenüber. Die Umrüstung eines Benzin-Fahrzeugs auf Autogas kostet beispielsweise zwischen 2.500 und 3.000 Euro und ist auch bei Fahrzeugen im Premium-Segment möglich.[114]

Ein Grund, warum sich ein ökologisches Fuhrparkmanagement für Gasfahrzeuge im Fuhrpark entscheiden könnte, wären die im Vergleich zu Dieselfahrzeugen bis zu 10 Prozent geringeren CO_2-Emissionen.[115] Letztlich ist Gas als Kraftstoff jedoch – wie auch Benzin und Diesel – fossil und endlich. Die globalen Reserven zur Herstellung von Gas als Kraftstoff werden voraussichtlich die nächsten 60 Jahre verfügbar sein.[116]

Die Reichweite von Gasfahrzeugen ist niedriger als die von konventionellen Fahrzeugen.[117] Bei Erdgas-Fahrzeugen beträgt sie beispielsweise zwischen 200 und 450 Kilometern. Auch das Tankstellennetz könnte die Mobilität derjenigen Dienstwagenfahrerinnen und -fahrern einschränken, die eines der wenigen angebotenen gasbetriebenen Fahrzeugmodelle als Firmenfahrzeug auswählen würden.[118] Für Autogas gibt es ein engmaschigeres und stärker wachsendes Tankstellennetz als für Erdgas. Während die Anzahl der Autogas-Tankstellen im Zeitraum von 2003 bis 2008 um das Achtfache auf

---

[109] (engl. LPG – Liquified Petroleum Gas)
[110] Vgl. Heymann, E., Zähres, M. (2009), S. 13.
[111] Vgl. Zimmer, W. et al. (2009), S. 13.
[112] (engl. CNG – Compressed Natural Gas)
[113] Vgl. Zimmer, W. et al. (2009), S. 13 f.
[114] Vgl. Heymann, E., Zähres, M. (2009), S. 13; Geiger, J. (2008a), S. 31.
[115] Vgl. Zimmer, W. et al. (2009), S. 15.
[116] Vgl. Stan, C. (2008), S. 12; Heymann, E., Zähres, M. (2009), S. 14.
[117] Vgl. Heymann, E., Zähres, M. (2009), S. 14.
[118] Vgl. Zimmer, W. et al. (2009), S. 15 ff.

4.000 angestiegen ist, hat sich die Anzahl der Erdgastankstellen im gleichen Zeitraum lediglich auf 800 verdoppelt.[119]

3.3 Fahrerinduzierte Emissionsminderung
3.3.1 Eco-Fahrtrainings

Fahrtrainings, bei denen die Teilnehmer eine ökonomische sowie ökologische Fahrweise erlernen, werden Eco-Fahrtrainings genannt.[120] Dadurch, dass Dienstwagenfahrer beispielsweise vermittelt bekommen, wie man im optimalen Drehzahlbereich fährt und wann man beim Warten den Motor ausstellen sollte, können die CO_2-Emissionen im Fuhrpark um durchschnittlich 10 bis 15 Prozent gesenkt werden.[121] Die Kosten für ein solches Training liegen bei rund 80 Euro je Fahrer.[122]

Ein besonderer Vorteil von Eco-Fahrtrainings ist, dass jeder eingesparte Liter Dieselkraftstoff der Umwelt circa 2,6 Kilogramm CO_2-Emissionen erspart.[123] Beispielsweise konnte die Deutsche Telekom innerhalb von sechs Monaten mithilfe von Eco-Fahrtrainings den CO_2-Ausstoß von rund 180 Fahrzeugen um über 21.000 Kilogramm und den Kraftstoffverbrauch um circa 8.000 Liter senken.[124] Angenommen, die Dienstwagenfahrer behalten für die Folgemonate die kraftstoffsparende Fahrweise bei und der durchschnittliche Preis pro Liter Dieselkraftstoff betrage nach der Durchführung der Fahrtrainings 1,10 Euro, so hätten sich die Eco-Fahrtrainings nach der Einsparung weiterer rund 5.000 Liter Kraftstoff amortisiert. Allerdings sind die genauen Einsparungen durch eine solche Maßnahme im Voraus schwer abzuschätzen, da sie im Wesentlichen von der Bereitschaft der Dienstwagenfahrer abhängig sind, sich eine effizientere Fahrweise anzueignen.[125]

3.3.2 Bonus-/Malus-Regelung

Eine weitere Möglichkeit, das Verhalten von Dienstwagenfahrern so zu beeinflussen, dass die Emissionen im Fuhrpark gesenkt werden, ist die Einführung einer sogenannten Bonus-/Malus-Regelung. Damit werden Mitarbeiter finanziell belohnt, wenn sie sich

---

[119] Vgl. ADAC (2009a), S. 12
[120] Vgl. Eck, W. A. (2009), S. 28.
[121] Vgl. Glück, G. (2007), S. 76; Eck, W. A. (2009), S. 28.
[122] Vgl. Brübach, D. (2007), S. 10.
[123] Vgl. Wittenbrink, P. (2009), S. 4; Puls, T. (2006), S. 21.
[124] Vgl. Brübach, D. (2007), S. 10.
[125] Vgl. DAT (2009), S. 2.

beispielsweise für umweltschonendere Fahrzeuge entscheiden, ihr Fahrverhalten im Hinblick auf den Spritverbrauch verbessern oder komplett auf einen Dienstwagen verzichten.[126] Dienstwagenfahrer des niederländischen Expressdienstleistungsunternehmens TNT Express erhalten beispielsweise eine finanzielle Belohnung in Form einer Prämie in Höhe von 3.000 Euro, wenn sie sich für ein Fahrzeugmodell mit einem CO_2-Ausstoß von weniger als 120 Gramm pro Kilometer entscheiden.[127]

Da die Bereitschaft der Dienstwagenfahrer zu einer spritsparenden und emissionsarmen Fahrweise steigt, wenn sie an dem daraus resultierenden Erfolg teilhaben können, könnte eine Bonus-/Malus-Regelung wirkungsvoller sein, als ein Eco-Fahrtraining.[128] Wie hoch allerdings die Einsparungen bei den CO_2-Emissionen und bei den Kosten durch die Einführung einer solchen Regelung sein können, hängt wohl nicht nur vom Verhalten der Dienstwagenfahrer ab, sondern ist insbesondere von der genauen Gestaltung der Regelung durch die Fuhrparkverantwortlichen abhängig.

3.4 Weitere Ansätze

Es gibt über die vorgestellten Ansätze hinaus weitere Möglichkeiten für ein ökologisches Fuhrparkmanagement, die Emissionen eines Fuhrparks zu senken.

Beispielsweise hätte im Kapitel „Fahrzeuginduzierte Emissionsminderung" auch der Einsatz von Wasserstofffahrzeugen als Dienstwagen beurteilt werden können. Jedoch ist zum einen Wasserstoff als Kraftstoff für PKW aus heutiger Sicht vor 2020 keine realistische Alternative zu Diesel, da vor allem die Wasserstoffherstellung zu hohe Kosten verursacht und mit hohen CO_2-Emissionen verbunden ist.[129] Zum anderen gibt es Wasserstofffahrzeuge derzeit nicht serienmäßig. Der Einsatz von Leichtlaufreifen und -ölen wird in der Fachliteratur ebenfalls als Ansatz zur Emissionsminderung im Fuhrpark genannt, allerdings werden dessen Vor- und Nachteile bisher selten aufgeführt.

Zudem wurde im Kapitel „Kraftstoffinduzierte Emissionsminderung" auf Biogas nicht weiter eingegangen. Das liegt daran, dass die Mobilität der Mitarbeiter zu stark eingeschränkt werden würde – im Februar 2009 gab es in Deutschland lediglich eine Bio-

---

[126] Vgl. Schwamberger, A. (2009), S. 15.
[127] Vgl. Boblenz, A. (2008), S. 29.
[128] Vgl. Holzer, N. (2008), S. 35.
[129] Vgl. Heymann, E., Zähres, M. (2009), S. 14.

gastankstelle.[130]

Als Ansätze einer fahrerinduzierten Emissionsminderung könnten auch Carsharing, Fahrtvermeidung und die Bildung von Fahrgemeinschaften gezählt werden. Im Rahmen der Recherche wurde jedoch festgestellt, dass diese Ansätze in der Fachliteratur deutlich weniger behandelt werden als Eco-Fahrtrainings und Bonus-/Malus-Regelungen.

3.5 Auswahl der Ansätze für die Szenarioanalyse

Die Fuhrparkverantwortlichen im Praxisbeispiel sollen durch die Anwendung der Szenarioanalyse für die Faktoren sensibilisiert werden, die auf deren Aufgaben und Ziele zukünftig einwirken könnten. Daher werden nun zusammenfassend auf der Grundlage der Ausarbeitungen dieses Kapitels die Ansätze zur Emissionsminderung mit dem konventionellen Ansatz mit Diesel-Neufahrzeugen schematisch verglichen.

Schematischer Vergleich zum konventionellen Ansatz mit Diesel-Neufahrzeugen		Ziele des ökologischen Fuhrparkmanagements					Ansatz kann unmittelbar umgesetzt werden (Fahrzeugverfügbarkeit)	*MA = Mitarbeiter
		Minimierung der CO_2-Emissionen	Kostenminimierung		Gewährleistung der Mobilität der MA*			
			Ansatzkosten	Kraftstoffkosten	Tankstellennetz	Reichweite		
Fahrzeug	Umweltlabel, Micro-/Mild-Hybrid	+	–	+	O	O	✓	Ökonomischster Ansatz
	Voll-Hybrid	+	– –	+	O	–	✓	
	Plug-In-Hybrid	+	– –	+	–	–	✗	
	Elektromobilität (regenerativ)	+ + +	– – –	+ + +	– –	– –	✓	Ökologischster Ansatz
Kraftstoff	Biodiesel	+	O	+	–	O	✗	
	Bioethanol	+	–	+	– –	O	✓	
	Autogas	+	–	+	–	–	✓	
	Erdgas	+	–	+	– –	–	✓	
Fahrer	Eco-Fahrtraining	?	–	?	O	O	✓	Bereitschaftsbedingter Ansatz
	Bonus-/Malus-Regelung	?	?	?	?	?	✓	

Skala: „Ziel wird sehr viel besser erfüllt" (+++) bis „Ziel wird sehr viel schlechter erfüllt" (– – –); O = neutral bzw. gleichwertig; ? = bereitschafts- und/oder gestaltungsbedingt

☐ Ausgewählte Ansätze für die Szenarioanalyse
✓ Bedingung erfüllt
✗ Bedingung nicht erfüllt

Abbildung 8: Schematischer Vergleich: Ansätze zur Emissionsminderung
Quelle: Eigene Darstellung in Anlehnung an Heymann, E., Zähres, M. (2009), S. 16.

In der Abbildung 8 werden die gängigen Ansätze zur Emissionsminderung im Fuhrpark den Zielen des ökologischen Fuhrparkmanagements gegenübergestellt. Ferner werden alle Ansätze zur fahrzeuginduzierten („Fahrzeug"), kraftstoffinduzierten („Kraftstoff")

---
[130] Vgl. Zimmer, W. et al. (2009), S. 23, 31 u. 37.

sowie zur fahrerinduzierten („Fahrer") Emissionsminderung auf ihre unmittelbare Umsetzbarkeit hin überprüft. Beispielsweise würde Biodiesel als Kraftstoff für Fuhrparkverantwortliche keine unmittelbare Option darstellen, da aktuelle Dieselfahrzeuge für den Betrieb mit Biodiesel derzeit keine Herstellerfreigabe haben.[131] Plug-In-Hybridfahrzeuge sind in diesem Zusammenhang ebenfalls keine Alternative, da solche Fahrzeugmodelle von heute aus betrachtet etwa mit dem Opel Ampera erst in 2011 serienmäßig angeboten werden.[132] Der Ansatz „Elektromobilität" kann hingegen unmittelbar umgesetzt werden, wie auch das Beispiel von SAP zeigt.[133]

In dem schematischen Vergleich bezieht sich das Ziel „Kostenminimierung" zum einen auf das Ziel, die Ansatzkosten und zum anderen die Kraftstoffkosten zu senken. Die Ansatzkosten von Fahrzeugen mit Umweltlabel sind zum Beispiel die höheren Anschaffungs- bzw. Leasingkosten. Die Ansatzkosten für Eco-Fahrtrainings umfassen die rund 80 Euro Teilnehmergebühr.[134]

Unter Berücksichtigung der Gewährleistung der Mobilität der Mitarbeiter wird als ökonomischster Ansatz der mit kraftstoffsparenden Dieselfahrzeugen ausgewählt. Der ökologischste Ansatz ist der Ansatz mit Elektrofahrzeugen, deren Strom aus regenerativen Energiequellen gewonnen wird. Da des Weiteren ein Ansatz für die Szenarioanalyse ausgewählt werden sollte, bei dem die genaue Minderung der Kosten und der CO_2-Emissionen im Wesentlichen von der Bereitschaft der Dienstwagenfahrer abhängt, wird der Ansatz „Eco-Fahrtrainings" als bereitschaftsbedingter Ansatz ausgewählt. Die Einsparungen durch den Ansatz „Bonus-/Malus-Regelung" sind zwar ebenfalls bereitschaftsbedingt, allerdings sind sie im Vergleich zum Ansatz „Eco-Fahrtrainings" im Wesentlichen von der genauen Gestaltung durch das Fuhrparkmanagement abhängig.

---

[131] Vgl. ADAC (2009b), S. 2; Velten, C. (2008), S. 41.
[132] Vgl. Reh, W. (2009), S. 2.
[133] Vgl. conlenergy (2009), S. 17.
[134] Vgl. Brübach, D. (2007), S. 10.

4 Szenarioanalyse als Instrument der strategischen Vorausschau

Die Szenarioanalyse wird in der Literatur als Instrument der strategischen Vorausschau bezeichnet.[135] Das Konzept hat in den letzten Jahren zunehmend an Relevanz gewonnen, da die strategische Planung in Zeiten hoher Dynamik und Unsicherheit als nicht mehr angemessen angesehen wird. Im Zusammenhang mit der Kritik an der strategischen Planung wird sie daher auch als „traditionell" bezeichnet.[136] Die Gründe dafür betreffen den Prozess der strategischen Planung und die Prognose als eines ihrer bedeutendsten Instrumente. Beide Themen werden zu Beginn dieses Kapitels erläutert. Aufbauend auf der Kritik an der strategischen Planung und der Prognose wird das Konzept der strategischen Vorausschau vorgestellt.

Den Hauptteil dieses Kapitels stellt die Beschreibung und Bewertung der Methodik der Szenarioanalyse dar. Darin wird unter anderem auf deren Entstehungsgeschichte, Funktionen und Anwendungsbedingungen eingegangen und die Grundlagen für die Verwendung von Szenarien erläutert. Der Fokus des Kapitels liegt auf der Erläuterung der Phasen der Szenarioanalyse, die als Leitfaden für den Praxisteil dienen sollen.

4.1 Strategische Planung und strategische Vorausschau
4.1.1 Strategische Planung
4.1.1.1 Definition und Prozess

Die strategische Planung hat das Ziel, eine Organisation langfristig weiterzuentwickeln.[137] Der Ausdruck „strategische Planung" umfasst die beiden Themenfelder „Strategie" und „Planung", die nachfolgend separat definiert werden.

In der Vergangenheit wurden zahlreiche Definitionen des Begriffs „Strategie" entworfen.[138] Eine der bekanntesten Definitionen ist die von Porter: "Strategy is the creation of a unique and valuable position, involving a different set of activities"[139]. Der Definition zufolge scheint „Strategie" die kreative Komponente der strategischen Planung darzustellen und damit die Ausgangsbasis der Planung zu sein.

---

[135] Vgl. Mietzner, D. (2009), S. 156.
[136] Vgl. Lindgren, M., Bandhold, H. (2009), S. 25; Conway, M. (2004), S. 12; Wheelwright, V. (2006), S. 24.
[137] Vgl. MacKay, R. B. (2009), S. 92.
[138] Vgl. Mintzberg, H., Ahlstrand, B., Lampel, J. (2007), S. 22; Pillkahn, U. (2007), S. 240 ff.
[139] Porter, M. E. (1996), S. 68.

Auch Mintzberg beschreibt die Strategie als einen Prozessschritt vor der Planung.[140] Den Begriff Planung bezeichnet er hingegen als "… a formalised procedure to produce an articulated result, in the form of an integrated system of decisions"[141]. Die Definition von Mintzberg zeigt, dass Planung im Gegensatz zur Strategie ein eher formaler Prozess ist, der demnach auf den Zielen aufbaut, die in der Strategie festgelegt werden.

Der Unterschied zwischen Strategie und Planung spiegelt sich auch im Prozess der strategischen Planung wider, der in drei Phasen unterteilt werden kann: strategische Zielbildung, Auswahl einer Strategie und Implementierung dieser Strategie.[142]

In der Zielbildungsphase analysieren Entscheidungsträger das eigene Umfeld und denken über strategische Optionen nach. Daraufhin gilt es sich für eine der Strategieoptionen zu entscheiden, die eine möglichst optimale Position in diesem Umfeld verspricht, um diese im letzten Schritt zu implementieren.[143] Während die Zielbildungsphase ein eher kreativer Vorgang ist, bei dem am Ende eine Zielrichtung formuliert wird, hat die letzte, eher formale Phase der strategischen Planung das Ziel, einzelne Umsetzungspläne zu erstellen, um dem zuvor definierten Ziel näher zu kommen.[144]

In der Vergangenheit hat sich die strategische Planung in vielen Unternehmen zu einem formalen Routineprozess entwickelt. Unter strategischer Planung wurde eher die kurzfristige Entwicklung und Umsetzung von Plänen auf der Basis von Prognosen verstanden. Das Nachdenken über strategische Optionen ist dabei zunehmend in den Hintergrund gerückt.[145]

Diese Entwicklung bietet Anlass zu der Forderung, Methoden wie die Szenarioanalyse in die strategische Planung zu integrieren, welche das Nachdenken über strategische Optionen („strategic thinking") fördern, damit Entscheidungsträger der Strategiekomponente der strategischen Planung wieder mehr Aufmerksamkeit widmen.[146] Die Szenarioanalyse ist eine Methode des Nachdenkens über strategische Optionen und soll daher im Fokus dieses Kapitels stehen.[147] Doch zunächst soll herausgearbeitet werden,

---

[140] Vgl. Mintzberg, H. (1994a), S. 333.
[141] Mintzberg, H. (1994a), S. 12.
[142] Vgl. Conway, M. (2004), S. 2; Bea, F. X., Haas, J. (2005), S. 481; Mintzberg, H. (1994b), S. 107 f.
[143] Vgl. Hamel, G., Prahalad, C. K. (1994), S. 41; Conway, M. (2004), S. 1 f.
[144] Vgl. Mintzberg, H. (1994b), S. 107 f.
[145] Vgl. Hamel, G. (1996), S. 69 ff. u. 81; Hamel, G., Prahalad, C. K. (1994), S. 281.
[146] Vgl. Mintzberg, H. (1994b), S. 108 u. 114.
[147] Vgl. Lindgren, M., Bandhold, H. (2009), S. 138.

aus welchem Grund die strategische Planung als traditionell bezeichnet wird, wenn die Prognose als deren primäres Instrument verwendet wird.

4.1.1.2 Prognose als Instrument der strategischen Planung

Das Dilemma jedes Entscheidungsträgers ist es, dass alle gegenwärtigen Entscheidungen die Zukunft betreffen, diese jedoch nicht bekannt ist.[148] Die traditionelle strategische Planung begegnet diesem Dilemma mit der Verwendung von Prognosen. Mit deren Hilfe wird auf der Basis von Informationen aus der Vergangenheit die Vorhersage zukünftiger Entwicklung abgeleitet.[149]

Die Prognose als wichtigstes Instrument der strategischen Planung ist jedoch nur geeignet, wenn die sogenannte Zeitstabilitätshypothese erfüllt ist. Sie stellt die Prämisse dafür dar, dass die Gesetzmäßigkeiten der vergangenen Entwicklungen auch für die Zukunft gelten.[150] In Zeiten geringer Veränderungen in einem Unternehmensumfeld ist die traditionelle strategische Planung gut geeignet, um das Unternehmen langfristig weiterzuentwickeln, da die Zeitstabilitätshypothese im Wesentlichen erfüllt ist.[151]

Die Faktoren, die aus dem Unternehmensumfeld heraus auf Entscheidungsträger einwirken, werden allerdings zunehmend dynamischer und komplexer sowie die Einschätzung deren zukünftiger Entwicklung unsicherer, was dazu führt, dass die Zeitstabilitätshypothese immer weniger erfüllt wird und die traditionelle strategische Planung an ihre Grenzen stößt.[152] Aus diesem Grund wurde die strategische Planung zunehmend um Methoden der Zukunftsforschung wie beispielsweise die Szenarioanalyse ergänzt und es hat sich das Konzept der strategischen Vorausschau gebildet.[153]

4.1.2 Strategische Vorausschau

Mit dem Begriff „Vorausschau" ist jegliches Streben nach langfristiger Orientierung gemeint. Die Vorausschau zählt wie die Prognostik und die strategische Vorausschau zu den Instrumenten der Zukunftsforschung.[154] Strategische Vorausschau ist Zukunftsfor-

---

[148] Vgl. Hamel, G., Prahalad, C. K. (1994), S. 281.
[149] Vgl. Courtney, H., Kirkland, J, Viguerie, P. (1999), S. 6; MacKay, R. B., Costanzo, L. A. (2009), S. 2; Chia, R. (2004), S. 23 f.
[150] Vgl. Chia, R. (2004), S. 24; Pillkahn, U. (2007), S. 33.
[151] Vgl. MacKay, R. B. (2009), S. 92; Chia, R. (2004), S. 24; Pillkahn, U. (2007), S. 33.
[152] Vgl. Burmeister, K., Schulz-Montag, B. (2009), S. 286; Clawson, J. G., Grayson, L. (1996), S. 1 f.
[153] Vgl. MacKay, R. B., Costanzo, L. A. (2009), S. 2; Müller, A. W., Müller-Stewens, G. (2009), S. 26.
[154] Vgl. Minx, E., Kollosche, I. (2009), S. 161; Burmeister, K., Schulz-Montag, B. (2009), S. 285.

schung in Unternehmen – also die Suche durch Unternehmen nach Erkenntnissen über deren Zukunft gemäß wissenschaftlicher Kriterien.[155] Sie dient Entscheidungsträgern zur Vorbereitung von Strategien und kann somit der Zielbildung in der ersten Phase der strategischen Planung zugeordnet werden.[156]

In der Vergangenheit hat sich die Zukunftsforschung zunehmend von den Prognosemethoden hin zu den Methoden der strategischen Vorausschau entwickelt.[157] Die Prognose, ursprünglich ein Instrument der Zukunftsforschung, hat sich in Unternehmen in den Siebzigern etabliert. Mit der Zeit wurden über Vergangenheitsdaten hinaus auch Informationen aus primären Informationsquellen gewonnen und in die Zukunftsforschung integriert, um als Basis der Entscheidungsfindung zu dienen. Als in den Neunzigern diese Methoden in Unternehmen Verwendung fanden, ist der Begriff der strategischen Vorausschau entstanden.[158] Wie die Prognose, die Vorausschau und die strategische Vorausschau in die Zukunftsforschung eingeordnet werden, zeigt die Abbildung 9.

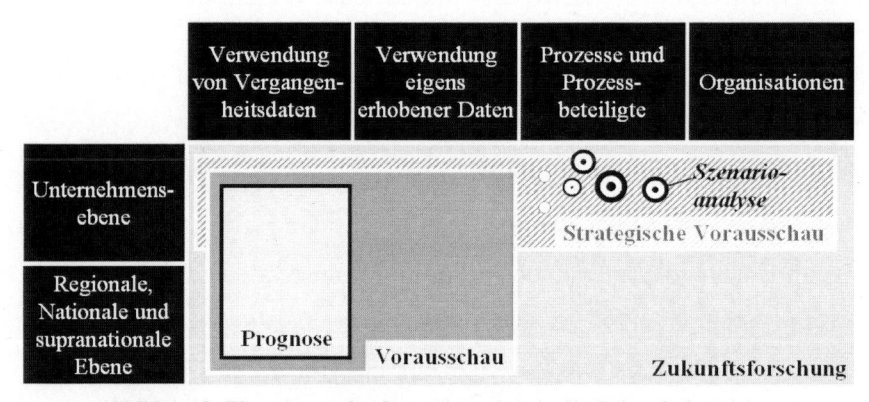

Abbildung 9: Einordnung der Szenarioanalyse in die Zukunftsforschung
Quelle: Eigene Darstellung in Anlehnung an Rohrbeck, R., Arnold, H. M., Heuer, J. (2007), S. 3.

Zur strategischen Vorausschau zählen viele Methoden der Zukunftsforschung; es gibt jedoch kein einheitliches Verständnis von dem genauen Umfang des Methodenbestands.[159] Zu den am häufigsten verwendeten Instrumenten der strategischen Vorausschau zählt die Szenarioanalyse.[160]

---

[155] Vgl. Pillkahn, U. (2007), S. 24f. u. 32; Dießl, K. (2006), S. 17.
[156] Vgl. Mietzner, D. (2009), S. 27; Conway, M. (2004), S. 2.
[157] Vgl. Grundwald, A., (2009), S. 26.
[158] Vgl. Rohrbeck, R., Arnold, H. M., Heuer, J. (2007), S. 3.
[159] Vgl. Müller, A. W., Müller-Stewens, G. (2009), S. 25 ff.
[160] Vgl. Heijden, K. v. d. (2004), S. 206; Burmeister, K. et al. (2002), S. 79.

4.2 Szenarioanalyse
4.2.1 Entstehung

In den Fünfzigern entwickelte Herman Kahn von der RAND Corporation im Rahmen der strategischen Kriegsplanung der US-Regierung eine Methode, die er zunächst „future-now thinking" nannte – das Nachdenken in der Gegenwart über mehrere mögliche zukünftige Situationen. Als Bezeichnung für eine mögliche zukünftige Situation verwendete Kahn später den Begriff „Szenario", die englische Bezeichnung für ein Drehbuch.[161] Kahn wollte mithilfe dieser Methode herausfinden, auf welche unterschiedliche Art und Weise es zu einem Atomkrieg zwischen den USA und der Sowjetunion kommen könnte und entwickelte vier mögliche Szenarien für die US-Regierung.[162]

In den siebziger Jahren entdeckten Unternehmen wie GE, Shell und SRI die Szenarioanalyse als Instrument zur Unterstützung der strategischen Planung.[163] Beispielsweise entwickelte ein Team von GE unter der Leitung von Ian Wilson vier Szenarien, die den Verbrauchermarkt der USA im Jahr 1980 in verschiedener Weise darstellen sollten.[164]

Ian Wilson von GE, Pierre Wack von Shell und Peter Schwartz von SRI haben die Entwicklung der Szenarioanalyse maßgeblich beeinflusst. Sie haben ihren Teil dazu beigetragen, dass die Szenarioanalyse 50 Jahre nach den Arbeiten von Herman Kahn zu den etablierten Methoden der strategischen Planung vieler Unternehmen gehört.[165]

Heute wird die Szenarioanalyse seltener zur Konzeption ganzheitlicher Unternehmensstrategien verwendet, sondern zunehmend im Rahmen strategischer Initiativen einzelner Abteilungen. Beispielsweise verwendete UPS die Szenarioanalyse, um zu entscheiden, ob sie anstatt des Betriebssystems Windows zukünftig Linux verwenden sollten.[166]

4.2.2 Wesen von Szenarien
4.2.2.1 Definition

Ein Szenario ist ein Zukunftsbild, also die Darstellung einer denkbaren zukünftigen Situation unter Einbeziehung der unterschiedlichen Entwicklungen, aus denen diese

---
[161] Vgl. Lindgren, M., Bandhold, H. (2009), S. 37 f.; Hughes, N. (2009), S. 1.
[162] Vgl. Weinstein, B. (2007), S. 3; Millett, S. M. (2003), S. 17; Durbach, I., Stewart, T. J. (2003), S. 261.
[163] Vgl. Lindgren, M., Bandhold, H. (2009), S. 37 f.; Burmeister, K., Schulz-Montag, B. (2009), S. 278.
[164] Vgl. Millett, S. M. (2009), S. 62 f.
[165] Vgl. Burmeister, K., Schulz-Montag, B. (2009), S. 278, 285 u. 290; Millett, S. M. (2009), S. 62 f.
[166] Vgl. Gustke, C. (2009), S. 20 f.

Situation entsteht.¹⁶⁷ Ein Szenario ist auf bestimmte mögliche zukünftige Entwicklungen fokussiert und bildet damit nur einen Teil der Zukunft ab.¹⁶⁸ Darüber hinaus ist ein Szenario hypothetisch, das heißt es hat keinen Wahrheitsanspruch und basiert auf Annahmen darüber, ob und wie bestimmte zukünftige Entwicklungen verlaufen könnten – unabhängig davon, wie wahrscheinlich sie sind.¹⁶⁹ Demzufolge ist ein Szenario außerdem subjektiv konstruiert, da bewusst bestimmte Annahmen als relevant sowie plausibel erachtet und getroffen werden.¹⁷⁰

4.2.2.2 Klassifizierung

Szenarien können anhand ihres Zwecks und ihres Charakters klassifiziert werden. Der Zweck von Szenarien kann explorativ oder normativ sein. Ferner können Szenarien einen qualitativen oder einen quantitativen Charakter besitzen.¹⁷¹

Mithilfe der Erstellung explorativer Szenarien wird das Ziel verfolgt, mehr über mögliche zukünftige Entwicklungen zu erfahren – seien sie wünschenswert oder nicht. Die zentrale Frage dieser Szenarien ist: „Was wäre wenn?". Wie in der Abbildung 10 dargestellt, wird bei der Generierung eine gegenwärtige Situation analysiert und mehrere alternative zukünftige Entwicklungen angenommen.¹⁷²

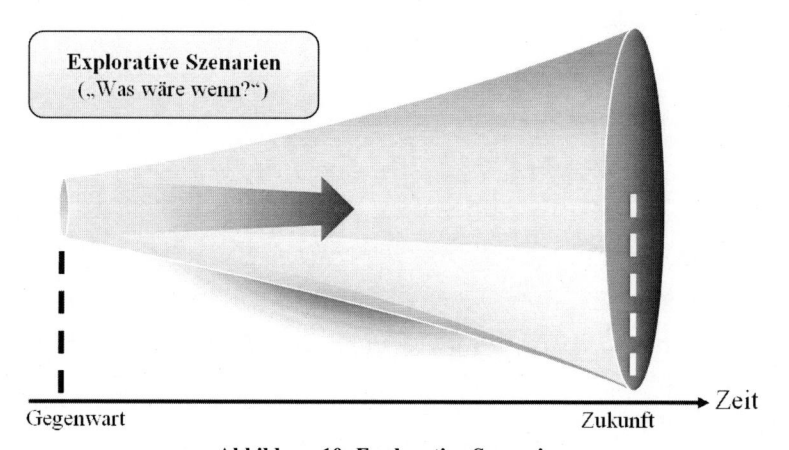

Abbildung 10: Explorative Szenarien
Quelle: Eigene Darstellung in Anlehnung an Mietzner, D. (2009), S. 111.

---

¹⁶⁷ Vgl. Pishvaee, M., S., Fathi, M., Jolai, F. (2008), S. 21; Kosow, H., Gaßner, R (2008), S. 9 f.; Geschka, H. (2006), S. 360.
¹⁶⁸ Vgl. Kosow, H., Gaßner, R. (2008), S. 10.
¹⁶⁹ Vgl. DiVanna, J., Austin, F. (2004), S. 36; Screarce, D., Fulton, K. (2004), S. 7; Kosow, H., Gaßner, R (2008), S. 10.
¹⁷⁰ Vgl. Godet, M. (2000), S. 6; Kosow, H., Gaßner, R (2008), S. 10 f.; Geschka, H. (2006), S. 360 f.
¹⁷¹ Vgl. Steinmüller, K. (1997), S. 91 f.; Godet, M. (2006), S. 108.
¹⁷² Vgl. Mietzner, D. (2009), S. 111.

Normative Szenarien sind im Gegensatz dazu Zukunftsbilder, die aus Unternehmenssicht wünschenswert sind.[173] Im Mittelpunkt von normativen Szenarien stehen die Fragen „Wie soll es werden?" und „Wie kommen wir dahin?". Ausgehend von einer wünschenswerten zukünftigen Situation werden mögliche zukünftige Entwicklungen retrospektiv abgeleitet, welche zu dieser Situation führen könnten.[174]

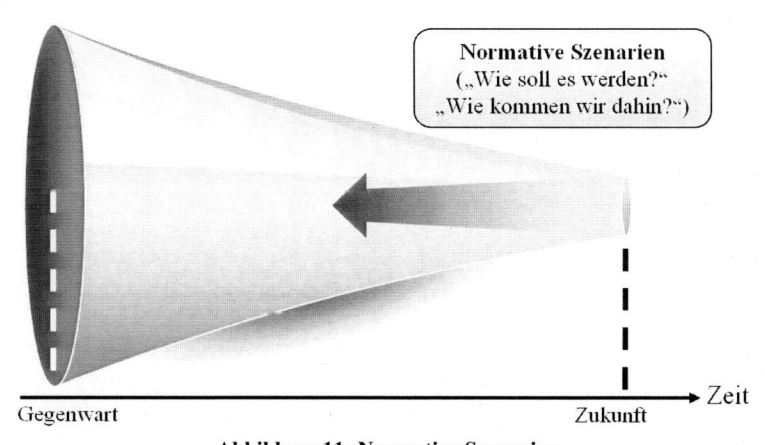

Abbildung 11: Normative Szenarien
Quelle: Eigene Darstellung in Anlehnung an Mietzner, D. (2009), S. 111 f.

Im Rahmen einer Szenarioanalyse werden häufig explorative Szenarien mit normativen Szenarien verknüpft. Dies geschieht vor allem dann, wenn die Szenarioanalyse zur Strategiebildung genutzt wird.[175]

Man unterscheidet Szenarien nicht nur nach dem Zweck, sondern auch nach ihrem Charakter. Werden Szenarien zur strategischen Planung eingesetzt, so besitzen sie meist einen eher quantitativen Charakter, um den Wünschen von Entscheidungsträgern in Unternehmen eher gerecht zu werden. In diesen Szenarien werden mögliche zukünftige Entwicklungen mithilfe von Kenngrößen quantifiziert.[176] Um mögliche zukünftige Entwicklung zu quantifizieren, finden unter anderem Indexwerte Verwendung. Zum Beispiel könnte man die Mitarbeiterqualifizierung in einem Jahr mit 100 und in fünf Jahren mit 120 beziffern.

---

[173] Vgl. Stone, A. G., Redmer, T., A., O. (2006), S. 8.
[174] Vgl. Mietzner, D. (2009), S. 112.
[175] Vgl. Kosow, H., Gaßner, R. (2008), S. 28 f.; Dönitz, E. J. (2009), S. 24.
[176] Vgl. Dönitz, E. J. (2009), S. 43; Kosow, H., Gaßner, R (2008), S. 25.

Ist eine Quantifizierung von Kenngrößen nicht möglich, verwendet man auch qualitative Kenngrößen. Beispielsweise könnten beschreibende Aussagen getroffen wie „Die Schwankungen bei Auftragseingängen sinken".[177]

4.2.2.3 Qualitätsmerkmale

Verständlichkeit, Plausibilität und vor allem Konsistenz gehören zu den wichtigsten Qualitätsmerkmalen von Szenarien.[178] Verständlich konzipiert sind Szenarien nur dann, wenn das Vorgehen bei der Szenario-Generierung zumindest nachvollziehbar sowie transparent und nicht zu komplex gestaltet ist.[179] Szenarien sind lediglich konsistent, wenn die darin angenommenen zukünftigen Entwicklungen sich gegenseitig nicht ausschließen. Ferner müssen Szenarien plausibel sein. Diese Voraussetzung ist nur dann erfüllt, wenn deren Eintreten zumindest als möglich erachtet werden kann.[180] Es ist nicht erforderlich, dass ein Szenario so realistisch wie möglich ist. Viel wichtiger ist es, dass Szenarien Entscheidungsträger dazu bewegen, sich darin hineinversetzen zu können, um eine Wissensgrundlage für gegenwärtige Entscheidungen zu verschaffen.[181]

4.2.3 Funktionen

Zu den Funktionen der Szenarioanalyse zählen die Explorations-, Kommunikations- und die Strategiebildungsfunktion.[182]

Die Szenarioanalyse soll Entscheidungsträgern in Unternehmen dazu verhelfen, sich bei der strategischen Planung eine bessere Wissengrundlage für gegenwärtige Entscheidungen zu verschaffen. Die Explorationsfunktion, welche die Szenarioanalyse damit erfüllt, kann Entscheidungsträger dazu verleiten, die Annahmen, die ihren gegenwärtigen Entscheidungen zugrunde liegen, zu überprüfen und gegebenenfalls anzupassen.[183]

Des Weiteren bietet die Szenarioanalyse Unternehmen die Möglichkeit, unternehmensinterne Kommunikationsprozesse zu verbessern. Dies geschieht dadurch, dass im Rahmen der Szenarioanalyse unternehmensinternes Wissen unterschiedlicher strategi-

---

[177] Vgl. Geschka, H. (2006), S. 364; Dönitz, E. J. (2009), S. 19.
[178] Vgl. Dönitz, E. J. (2009), S. 15; Kosow, H., Gaßner, R (2008), S. 28 f.
[179] Vgl. Kosow, H.; Gaßner, R. (2008), S. 28 f.; Ulbricht Zürni, S. (2004), S. 241.
[180] Vgl. Dönitz, E. J. (2009), S. 15; Kosow, H., Gaßner, R (2008), S. 28 f.
[181] Vgl. Stone, A. G., Redmer, T., A., O. (2006), S. 8; Flowers, B. S. (2003), S. 31; Fahey, L. (2003), S. 8.
[182] Vgl. Mietzner, D. (2009), S. 114 f.; Kosow, H., Gaßner, R. (2008), S. 15 f.
[183] Vgl. Kosow, H., Gaßner, R. (2008), S. 14; More, H. (2003), S. 34; Flowers, B. S. (2003), S. 31; Shell (2008), S. 12

scher und operativer Abteilungen und Bereiche zur Lösung einer Problemstellung gebündelt werden.[184] Diese Vernetzung hat zudem den Vorteil, dass Entscheidungen auf einer breiteren Wissensbasis getroffen werden können.[185]

Für Unternehmen kann die Szenarioanalyse darüber hinaus zur Strategiebildung im Rahmen der strategischen Planung dienen.[186] Durch die Kombination und den Vergleich unterschiedlicher Szenarien können Entscheidungsträgern die Auswirkungen möglicher zukünftiger Strategien verdeutlicht werden.[187]

4.2.4 Anwendungsbedingungen

Bevor sich Entscheidungsträger für die Durchführung einer Szenarioanalyse entscheiden, muss zunächst überprüft werden, ob sie das geeignete Instrument ist, um für eine Problemstellung des Unternehmens eine Lösung zu finden. Um die Vorteile der Szenarioanalyse vollständig nutzen zu können, sollten einige Bedingungen erfüllt sein.[188]

Es wird behauptet, dass mithilfe der Szenarioanalyse häufig Erkenntnisse gewonnen werden, die den Entscheidungsträgern im Voraus bereits bekannt waren.[189] Beabsichtigt ein Entscheidungsträger mithilfe der Szenarioanalyse ein Problem zu lösen, für das bereits die Lösung bekannt zu sein scheint, ist von der Anwendung der Szenarioanalyse abzuraten. Am besten findet das Instrument Verwendung für Probleme mit unklaren Lösungen in einem Unternehmensumfeld, das durch hohe Unsicherheit geprägt ist.[190]

Für die Eignung der Szenarioanalyse ist es außerdem entscheidend, dass die Mitarbeiter des Unternehmens offen für einen Dialog sind, damit sie für die Einflussfaktoren sensibilisiert werden können, die auf eine Problemstellung im Unternehmen zukünftig einwirken könnten.[191] Aus der Praxis gibt es die Erfahrung, dass für den Erfolg der Anwendung der Szenarioanalyse in Unternehmen insbesondere die Überzeugung des Managements und die Einbindung der Methode in die Unternehmenskultur notwendig

---

[184] Vgl. Kosow, H., Gaßner, R. (2008), S. 15; Mietzner, D. (2009), S. 115.
[185] Vgl. Mietzner, D., Reger, G. (2005), S. 61.
[186] Vgl. Lindgren, M., Bandhold, H. (2009), S. 28.
[187] Vgl. Kosow, H., Gaßner, R. (2008), S. 16 u. 50 f.
[188] Vgl. Conway, M. (2004), S. 19; Screarce, D., Fulton, K. (2004), S. 20; Millett, S. M. (2003), S. 18 ff.; Pillkahn, U. (2007), S. 165 f.
[189] Vgl. Molitor, G. T. T. (2009), S. 81.
[190] Vgl. Minx, E., Kollosche, I. (2009), S. 161; Conway, M. (2004), S. 20.
[191] Vgl. Geschka, H. (2006), S. 372; Conway, M. (2004), S. 20.

und wesentlich sind.[192] Erfolgt diese Einbindung nicht, so können sich die Vorteile der Szenarioanalyse aufgrund mangelnder Akzeptanz für ein Unternehmen nicht einstellen.[193]

Eine Szenarioanalyse im engeren Sinne findet einmalig über mehrere Wochen oder Monate statt. Im weiteren Sinne ist sie ein fortlaufender Prozess. Szenarien sollten in einem Zeitraum zwischen sechs Monaten und zwei Jahren überprüft und gegebenenfalls überarbeitet werden. Für diese Überprüfung ist es erforderlich, dass laufend Informationen über die Einflussfaktoren der Szenarien gesammelt werden. Insgesamt nehmen diese Prozesse zeitliche, finanzielle und personelle Ressourcen in Anspruch, die ein Unternehmen oder Unternehmensbereich zur Verfügung stellen müsste.[194]

Verfolgt das Management eines Unternehmens langfristig das Ziel, zukünftig flexibler sowie häufiger proaktiv Entscheidungen zu treffen und zu handeln, so stellt die Szenarioanalyse ein geeignetes Instrument dar.[195] Sind strategische Veränderungen nach Einschätzung der Entscheidungsträger nicht notwendig oder möglich, so sollte ebenfalls von der Verwendung der Szenarioanalyse abgesehen werden.[196]

4.2.5 Generelle Phasen

Eine Szenarioanalyse erfolgt in fünf Phasen, die in der Abbildung 12 dargestellt sind.[197]

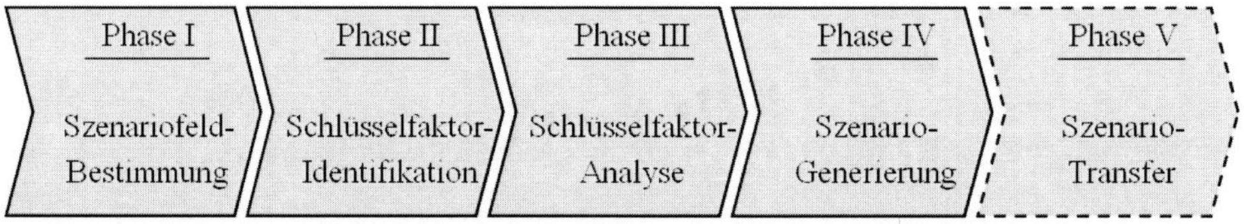

Abbildung 12: Generelle Phasen der Szenarioanalyse
Quelle: Eigene Darstellung in Anlehnung an Kosow, H., Gaßner, R. (2008), S. 20.

---

[192] Vgl. Millett, S. M. (2003), S. 19; Gustke, C. (2009), S. 21 f.
[193] Vgl. Mietzner, D. (2009), S. 158.
[194] Vgl. Gustke, C. (2009), S. 23; Conway, M. (2004), S. 20; Chen, J.-K. (2009), S. 106.
[195] Vgl. Stone, A. G., Redmer, T., A., O. (2006), S. 7 f.; Gustke, C. (2009), S. 20.
[196] Vgl. Conway, M. (2004), S. 20; Screarce, D., Fulton, K. (2004), S. 19.
[197] Vgl. Kosow, H., Gaßner, R. (2008), S. 20; Screarce, D., Fulton, K. (2004), S. 24; Gausemeier, J., Plass, C., Wenzelmann, C (2009), S. 62.

Die Szenarioanalyse im engeren Sinn beinhaltet den Szenario-Transfer als optionale Phase. Sie ist mit der Szenario-Generierung in Phase IV beendet. Allerdings spielt die letzte Phase der Szenarioanalyse insbesondere für Unternehmen eine zentrale Rolle, da sie der Strategiefindung dient.[198]

4.2.5.1 Szenariofeld-Bestimmung

Der erste Schritt der Szenarioanalyse besteht darin, das sogenannte Szenariofeld zu beschreiben, für das es eine Lösung auszuarbeiten gilt. Im Rahmen der strategischen Vorausschau entspricht das Szenariofeld der Ausgangslage und Problemstellung eines Unternehmens oder Unternehmensbereichs.[199]

Wurde die derzeitige Situation des Szenariofelds analysiert und die Ausgangssituation beschrieben, so muss anschließend die Problemstellung formuliert werden. Darin werden zudem die Art, der zeitliche Horizont sowie die geografische Reichweite der zu erstellenden Szenarien bestimmt.[200]

Werden vornehmlich die internen Schlüsselfaktoren eines geschlossenen Szenariofelds betrachtet, so handelt es sich bei diesem Szenariofeld um ein sogenanntes Gestaltungsfeld. Gestaltungsfeld-Szenarien finden beispielsweise häufig Verwendung bei der Erarbeitung von Produktkonzepten. Liegt der Fokus der Analyse eher auf externen Faktoren, so ist das Szenariofeld die Umwelt. Zu den Umwelt-Szenarien zählt beispielsweise die Analyse der zukünftigen Entwicklung eines bestimmten Markts. Sind die Wechselbeziehungen zwischen Gestaltungsfeld und Umwelt Hauptgegenstand der Untersuchung, nennt man das Szenariofeld Systemszenario. Systemszenarien verwendet man zum Beispiel, um den möglichen zukünftigen Erfolg von Strategien zu beurteilen, indem Gestaltungsfeld-Szenarien mit unterschiedlichen Strategien in positiven und negativen Umwelt-Szenarien getestet werden.[201] Systemszenarien werden häufig wie in der Abbildung 13 dargestellt.

---

[198] Vgl. Kosow, H., Gaßner, R. (2008), S. 23; Dönitz, E. J. (2009), S. 39 f.
[199] Vgl. Geschka, H. (2006), S. 362; Dönitz, E. J. (2009), S. 10.
[200] Vgl. Kosow, H., Gaßner, R. (2008), S. 20 f.
[201] Vgl. Gausemeier, J., Plass, C., Wenzelmann, C (2009), S. 62; Kosow, H., Gaßner, R (2008), S. 20 ff. u. 50 f.

Gestaltungsfeld-Szenarien	**Umwelt-Szenarien**
„Wait and See" Keine bzw. wenig neue Maßnahmen	„Doom Monger" Umweltfaktoren entwickeln sich negativ
„Just Do it" Viele neue Maßnahmen	„Carpe Diem" Umweltfaktoren entwickeln sich positiv

Abbildung 13: Häufig verwendetes Schema für Systemszenarien
Quelle: Eigene Darstellung in Anlehnung an Kosow, H., Gaßner, R. (2008), S. 21;
May, G. H. (2008), S 143.

In den beiden Gestaltungsfeld-Szenarien wird die Intensität der Maßnahmen variiert, das heißt es werden verschiedene künftige Möglichkeiten des Handelns und des Nicht-Handelns betrachtet. Das „Wait and See"-Szenario wird in diesem Zusammenhang auch als „Referenz-Szenario und das „Just Do it"-Szenario auch als sogenanntes Policy-Szenario bezeichnet.[202]

In den anderen beiden Szenarien wird die Intensität der Annahmen zur Umwelt variiert.[203] Das „Doom Monger"-Szenario stellt das negative Extremszenario dar und wird häufig auch als „Worst Case"-Szenario bezeichnet. Das „Carpe Diem"-Szenario spiegelt das positive Extremszenario wider und wird auch „Best Case"-Szenario genannt.[204]

In der Phase „Szenario-Transfer" werden Gestaltungsfeld- und Umwelt-Szenarien miteinander kombiniert, um herauszufinden, inwieweit sich die „Just Do it"-Strategie im Vergleich zur „Wait and See"-Strategie in den Umwelt-Szenarien bewährt.[205]

Zwar können mithilfe dieses Schemas endogene sowie exogene Einflussfaktoren im Rahmen der Szenarioanalyse berücksichtigt werden, allerdings ist ein Nachteil dieses Schemas, dass es dazu verleitet, Szenarien zu konservativ zu gestalten und somit die Berücksichtigung von Diskontinuitäten in Szenarien zu vernachlässigen.[206]

---

[202] Vgl. Kosow, H., Gaßner, R. (2008), S. 21, S. 26 u. 50 f.
[203] Vgl. May, G. H. (2008), S. 143; Kosow, H., Gaßner, R (2008), S. 22.
[204] Vgl. Mietzner, D. (2009), S. 118.
[205] Vgl. Kosow, H., Gaßner, R. (2008), S. 50 f.
[206] Vgl. Kosow, H., Gaßner, R. (2008), S. 26.

Unabhängig davon, ob ein Gestaltungsfeld, die Umwelt oder ein System aus beidem in der Szenarioanalyse betrachtet werden soll, werden in der Problemstellung außerdem der zeitliche Horizont und die geografische Reichweite der Szenarien bestimmt.

Der Zeithorizont, der in den Szenarien betrachtet werden soll, wird in Abhängigkeit von dem Szenariofeld gewählt. Beispielsweise verwenden Unternehmen in der Telekommunikationsbranche einen zeitlichen Horizont von bis zu 10 Jahren, wo hingegen Unternehmen der High-Tech-Branche eher Zeiträume zwischen 10 bis 20 Jahren für ihre Szenarien verwenden.[207] Daneben ist es notwendig, den geografischen Fokus der Szenarien zu bestimmen. Beispielsweise können globale, nationale oder regionale Szenarien erstellt werden.[208]

4.2.5.2 Schlüsselfaktor-Identifikation

In der zweiten Phase der Durchführung einer Szenarioanalyse ist das Ziel, die Schlüsselfaktoren zu erkennen, die von außen auf das Szenariofeld einwirken.[209] Schlüsselfaktoren sind die wesentlichen externen Einflussfaktoren, welche die Ziele eines Unternehmens zukünftig beeinflussen könnten.[210] Das Erkennen der einflussreichsten externen Umweltfaktoren ist nicht nur die zentrale Voraussetzung für die Szenarioanalyse, sondern auch für eine erfolgreiche Strategie.[211]

Unabhängig von der Vorgehensweise bei der Schlüsselfaktor-Identifikation können zur Unterstützung die sogenannten „STEEP"-Sektoren dienen, die in der Abbildung 14 grafisch dargestellt sind. Das Akronym steht für die fünf Bereiche „Society", „Technology", „Economy", „Ecology" und „Politics" im Umfeld eines Unternehmens.[212]

---

[207] Vgl. Köpernik, K. (2009), S. 247; Meinert, S. (2004), S. 8.
[208] Vgl. Davis, A. (2008), S. 61.
[209] Vgl. Kosow, H., Gaßner, R. (2008), S. 21; Schwartz, P. (1991), S. 26.
[210] Vgl. Schwartz, P. (1991), S. 101 f.
[211] Vgl. Müller, A. W., Müller-Stewens, G. (2009), S. 1.
[212] Vgl. Booth, C. et al. (2009), S. 122; Schwartz, P. (1991), S. 105; Heijden, K. v. d. (2005), S. 226.

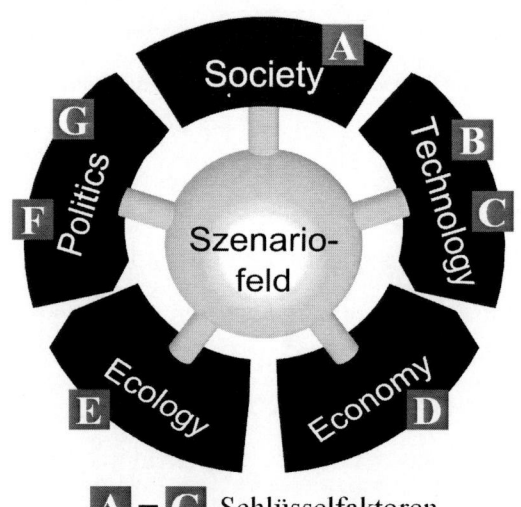

A – G Schlüsselfaktoren
Abbildung 14: Schlüsselfaktor-Identifikation mithilfe des STEEP-Modells
Quelle: Eigene Darstellung in Anlehnung an Gausemeier, J., Plass, C., Wenzelmann, C (2009), S. 63.

Je nach Branche können für Unternehmen darüber hinaus durchaus weitere Sektoren zur Schlüsselfaktor-Identifikation in Frage kommen. Beispielsweise gibt es Modelle wie „PESTEL", die „Law" als zusätzlichen separaten Sektor betrachten. Zu beachten ist jedoch ein generelles Risiko, das mit dieser Art von Modellen verbunden ist: In der Realität können Schlüsselfaktoren existieren, die zwar für Unternehmen zukünftig von besonderer Bedeutung sein können, allerdings keine Beachtung finden, da sie keinem der allgemeinen Sektoren zugeordnet werden können.[213]

Ein beliebtes Vorgehen zur Identifikation von Schlüsselfaktoren ist die Organisation von sogenannten Experten-Workshops.[214] Damit werden im Rahmen der Szenarioanalyse Treffen zwischen Teilnehmern bezeichnet, die umfangreiche Kenntnisse über das Gestaltungsfeld und dessen Einflussfaktoren besitzen. Die Teilnehmer können sich aus Mitarbeitern des Unternehmens und externen Fachleuten zusammensetzen. Ziel dieser Workshops ist es, mithilfe von Methoden zur Ideenfindung diejenigen Einflussfaktoren zu identifizieren, die zukünftig den größten Einfluss auf das Szenariofeld haben könnten.[215]

Als eine Methode zur Ideenfindung im Rahmen der Experten-Workshops kann Brainstorming genannt werden. Dabei sollen in einem kurzen abgegrenzten Zeitraum die Workshop-Teilnehmer dazu angeregt werden, unvermittelt und intuitiv Informationen

---

[213] Vgl. Burt, G. et al. (2006), S. 51.
[214] Vgl. Heijden, K. v. d. (2005), S. 226; Mietzner, D. (2009), S. 281.
[215] Vgl. Mietzner, D. (2009), S. 335; Schulze-Montag, B., Müller-Stoffels, M. (2006), S 385.

für die Szenario-Generierung zu sammeln.[216] Entsprechend der Ziele in der Phase der Schlüsselfaktor-Identifikation werden die Experten meist gefragt, welche Faktoren zukünftig das Szenariofeld im Betrachtungszeitraum am ehesten beeinflussen könnten.[217]

Einer der wesentlichen Vorteile der Kombination von Experten-Workshops und Brainstorming ist, dass durch die Einbindung der Teilnehmer in den Prozess der Szenarioanalyse die Akzeptanz für die zu erstellenden Szenarien erhöht werden kann.[218] Darüber hinaus basieren die Ergebnisse der Szenarioanalyse auf einer breiteren Wissensbasis.[219]

Diesen Vorteilen stehen hauptsächlich zwei Nachteile gegenüber. Der erste Nachteil betrifft die negativen gruppendynamischen Effekte im Rahmen von Experten-Workshops. Es kann bei der Durchführung von Brainstorming vorkommen, dass einzelne Experten die Ergebnisse zu ihren Gunsten autoritär beeinflussen. Eine alternative Methode stellt in diesem Fall die sogenannte Delphi-Methode dar.[220]

Im Rahmen der Delphi-Methode werden Experten anonym schriftlich oder in Einzelinterviews befragt. Anschließend werden die Befragten mit den Antworten der anderen Experten konfrontiert, und es wird sich erkundigt, ob sie an ihrer ursprünglichen Antwort festhalten oder im Nachhinein Antworten der anderen Experten bevorzugen. Dieser Vorgang kann so häufig wiederholt werden, bis sich ein allgemeiner Konsens zwischen den Experten eingestellt hat.[221] Durch diese Anonymisierung werden negative gruppendynamische Effekte verhindert. Zudem hat die Methode den Vorteil, dass sie im Gegensatz zu Workshops terminunabhängig angewendet werden kann. Allerdings kann es im Vergleich zu Experten-Workshops schwieriger werden, einen Konsens zwischen den Experten zu identifizieren. Auch der mit der Methode verbundene Aufwand könnte höher ausfallen als der eines Experten-Workshops.[222]

---

[216] Vgl. Burmeister, K., Neef, A., Beyers, B. (2004), S. 40; Lindgren, M., Bandhold, H. (2009), S. 160 f.
[217] Vgl. Lindgren, M., Bandhold, H. (2009), S. 161.
[218] Vgl. Kosow, H., Gaßner, R. (2008), S. 21.
[219] Vgl. Mietzner, D., Reger, G. (2005), S. 61.
[220] Vgl. Lindgren, M., Bandhold, H. (2009), S. 149 f.; Mietzner, D. (2009), S. 334.
[221] Vgl. Kosow, H., Gaßner, R. (2008), S. 63 ff.; Mietzner, D. (2009), S. 334; Lindgren, M., Bandhold, H. (2009), S. 149 f.
[222] Vgl. Ulbricht Zürni, S. (2004), S. 112 f; Lindgren, M., Bandhold, H. (2009), S. 150; Mietzner, D. (2009), S. 334.

Der zweite Nachteil der Verwendung der Brainstorming-Methode in Workshops ist, dass das Wissen und die Intuition der Experten grundsätzlich zu einem weniger theoretisch fundiertem Ergebnis führen kann als eine intensive Recherche, die zum Ziel hat, empirische Informationen über Schlüsselfaktoren zu sammeln. Diese Recherche muss allerdings vor dem Hintergrund der Frage durchgeführt werden, welche Schlüsselfaktoren aus welchem Grund fokussiert werden.[223] Eine Möglichkeit scheint in diesem Zusammenhang zu sein, Recherchen und Workshops miteinander zu kombinieren. Beispielsweise könnte man die Experten bitten, im Vorfeld eines Workshops empirische Quellen für ihre Behauptungen zu ermitteln.

Für die Qualität der Ergebnisse bei der Identifizierung der Schlüsselfaktoren sind die Kenntnisse der Prozessbeteiligten über das Szenariofeld maßgebend.[224] Zu berücksichtigen ist außerdem, dass sich eine höhere Anzahl an einbezogenen Schlüsselfaktoren positiv auf die Qualität der Analyse auswirkt. Allerdings ist in diesem Zusammenhang zu bedenken, dass mit zunehmender Anzahl der in die Szenarioanalyse integrierten Schlüsselfaktoren die Komplexität des Prozesses zunimmt.[225]

4.2.5.3 Schlüsselfaktor-Analyse

Sind die Schlüsselfaktoren identifiziert, erfolgt im nächsten Schritt deren Analyse. Aufgrund der spezifischen Art und Weise der Analyse grenzt sich die Szenarioanalyse deutlich von alternativen Methoden ab. Die Frage, die im Zentrum des Analysevorgangs steht, ist die nach den möglichen zukünftigen Ausprägungen der Schlüsselfaktoren.[226]

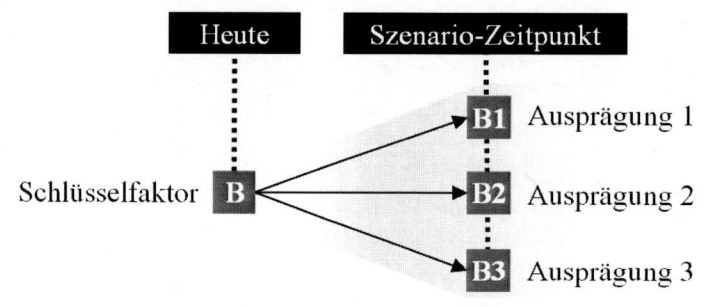

Abbildung 15: Schlüsselfaktor-Analyse
Quelle: Eigene Darstellung in Anlehnung an Kosow, H., Gaßner, R. (2008), S. 20.

---

[223] Vgl. Kosow, H., Gaßner, R. (2008), S. 21.
[224] Ebd.
[225] Vgl. Dönitz, E. J. (2009), S. 1.
[226] Vgl. Kosow, H., Gaßner, R. (2008), S. 21.

In dieser Phase erfolgt einer Beschreibung und gegebenenfalls eine Messung der Schlüsselfaktoren. Wie in der Abbildung 15 dargestellt, werden unterschiedliche mögliche zukünftige Ausprägungen angenommen.[227] Wie die Schlüsselfaktoren selbst können die Ausprägungen ebenfalls quantitativ oder qualitativ beschrieben werden.[228]

Zur Schlüsselfaktor-Analyse können dieselben Methoden angewendet werden wie in der Phase der Schlüsselfaktor-Identifikation. Unabhängig davon, ob welche Methoden verwendet werden, ist das Ergebnis dieses Prozessschrittes subjektiv geprägt. Beispielsweise könnte eine Gruppe von Experten für den Schlüsselfaktor „Rohölpreis" mögliche zukünftige Preise in Höhe von 100 Dollar und 150 Dollar als Ausprägungen annehmen. Eine ganz andere Zusammensetzung von Experten könnte hingegen die Ausprägungen „150 Dollar" und „200 Dollar" als sinnvoll erachten.[229]

4.2.5.4 Szenario-Generierung

Im nächsten Schritt werden die unterschiedlichen Ausprägungen der einzelnen Schlüsselfaktoren miteinander kombiniert. Diese Ausprägungsbündel sollen am Ende der Phase Szenarien ergeben, welche die notwendigen Qualitätsmerkmale besitzen. Von besonderer Bedeutung ist dabei die Konsistenz der Ausprägungsbündel.

Angenommen, ein Szenario beinhaltet die Schlüsselfaktoren „Investitionen in die Forschung und Entwicklung neuer Technologien" sowie „technischer Fortschritt". Um ein in sich stimmiges Szenario zu generieren, müssten für beide Schlüsselfaktoren ähnliche zukünftige Entwicklungen angenommen werden.[230] Die Schlüsselfaktorausprägungen „steigende Forschungsinvestitionen" und „Verlangsamung des technischen Fortschritts" stellen in Kombination kein konsistentes Faktorbündel dar. Somit würde ein Szenario, das ein solches Ausprägungsbündel enthalten würde, aufgrund mangelnder Konsistenz der Schlüsselfaktorkombinationen die notwendigen Qualitätsmerkmale nicht erfüllen.

Es gibt zwei Möglichkeiten, um Szenarien mit konsistenten Ausprägungskombinationen zu generieren: die systematisch-formalisierte Weise mithilfe der sogenannten Konsistenzanalyse und die kreativ-narrative Weise mithilfe der sogenannten morphologischen

---

[227] Vgl. Fink, A., Siebe, A. (2006), S. 2.
[228] Vgl. Steinmüller, K. (1997), S. 91 f.; Godet, M. (2006), S. 108.
[229] Vgl. Kosow, H., Gaßner, R. (2008), S. 40 u. 45.
[230] Ebd., S. 21 u. 50.

Analyse.[231]

Die Konsistenzanalyse ermöglicht es zu überprüfen, inwieweit die unterschiedlichen Ausprägungen der Schlüsselfaktoren sich untereinander ergänzen oder in Konflikt stehen.[232] Dies geschieht mithilfe der Konsistenzmatrix, in der die einzelnen Schlüsselfaktorausprägungen gegenübergestellt und mithilfe einer Skala von 1 (starke Inkonsistenz) bis 5 (starke Konsistenz) bewertet wird, inwieweit sie in Wechselwirkung stehen.[233]

		A			B			C		
		A1	A2	A3	B1	B2	B3	C1	C2	C3
A	A1									
	A2									
	A3									
B	B1	3	4	3						
	B2	3	3	5						
	B3	2	4	4						
C	C1	4	3	3	3	3	4			
	C2	3	3	4	3	4	5			
	C3	5	4	3	4	2	4			

Abbildung 16: Konsistenzmatrix
Quelle: Eigene Darstellung in Anlehnung an Kosow, H., Gaßner, R. (2008), S. 41 f.; Dönitz, E. J. (2009), S. 17.

In der beispielhaften Konsistenzmatrix in der Abbildung 16 bieten sich insgesamt 27 (drei hoch drei) Möglichkeiten, um Szenarien zu bilden. Würde sich allerdings die Anzahl der Schlüsselfaktoren auf sieben erhöhen, so könnten insgesamt 2.187 (drei hoch sieben) Szenarien generiert werden. Da nicht alle dieser sogenannten Rohszenarien konsistent sind, wird daraufhin die Summe der Konsistenzen je Rohszenario berechnet. Die Rohszenarien, bei denen die Summe der Konsistenzen, das sogenannte Konsistenzmaß, zu den höchsten zählt, sind diejenigen Szenarien, welche am wenigsten Widersprüche enthalten und daher am ehesten weiter betrachtet werden können.[234]

Einer der wesentlichen Vorteile dieser systematisch-formalisierten Weise der Szenario-Generierung ist, dass sich die Anzahl der Rohszenarien um die inkonsistenten Szenarien

---

[231] Vgl. Z_punkt (2009a), S. 3; Z_punkt (2009b), S. 3 f.; Kosow, H., Gaßner, R. (2008), S. 41 u. 49.
[232] Vgl. Dönitz, E. J. (2009), S. 15.
[233] Vgl. Kosow, H., Gaßner, R. (2008), S. 41 f.
[234] Vgl. Dönitz, E. J. (2009), S. 16; Kosow, H., Gaßner, R (2008), S. 42.

verringert und im weiteren Vorgehen der Fokus auf die konsistentesten Szenarien gelegt werden kann.[235] Aufgrund der hohen Anzahl möglicher Rohszenarien ist für die Durchführung einer Konsistenzanalyse jedoch meist eine Szenario-Software wie zum Beispiel INKA oder Parmenides EIDOS notwendig.[236] Der Preis einer Einzelplatzlizenz etwa für die Software INKA liegt derzeit bei 5.000 Euro.[237]

Eine Alternative zur Generierung von Szenarien stellt die kreativ-narrative Weise mithilfe der morphologischen Analyse dar.[238] Die Ausgangsbasis der morphologischen Analyse ist wie bei der Konsistenzanalyse eine Matrix. Auf der Horizontalen werden die identifizierten Schlüsselfaktoren und auf der Vertikalen deren mögliche zukünftige Ausprägungen dargestellt.[239]

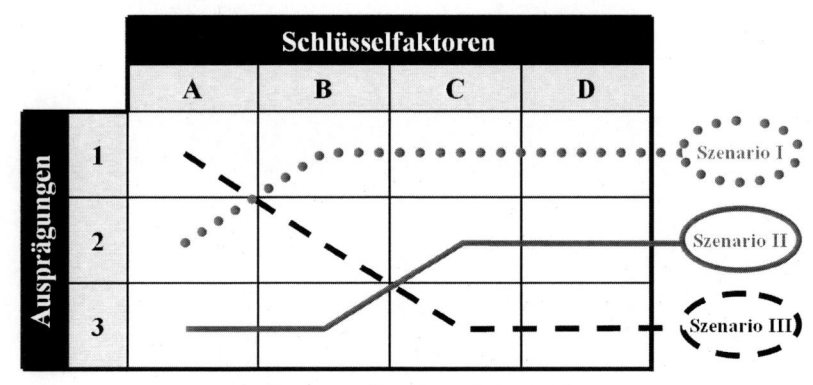

Abbildung 17: Morphologische Analyse
Eigene Darstellung in Anlehnung an Z_Punkt (2009c), S. 1.

Im Anschluss daran werden intuitiv je Schlüsselfaktor diejenigen Ausprägungen ausgewählt, welche miteinander harmonieren. Aus den Ausprägungsbündeln der Schlüsselfaktoren werden zum Schluss konsistente Szenarien generiert.[240]

Ein Nachteil dieser Methode ist, dass die Anzahl der Rohszenarien nicht um die inkonsistenten vermindert wird, was den Anwendern der Methode die Identifikation konsistenter Szenarien erschwert. Als ein Vorteil der morphologischen Analyse kann die im Vergleich zur Konsistenzmatrix simplere, transparentere Vorgehensweise hervorgehoben werden.[241] Darüber hinaus ermöglicht der Ansatz die Generierung von

---

[235] Vgl. Kosow, H., Gaßner, R. (2008), S. 42.
[236] Vgl. Z_punkt (2009b), S. 3 f.; Dönitz, E. J. (2009), S. 18.
[237] Vgl. Geschka (2009), S. 2.
[238] Vgl. Z_punkt (2009a), S. 3; Kosow, H., Gaßner, R. (2008), S. 41 u. 49.
[239] Vgl. Pillkahn, U. (2007), S. 437.
[240] Vgl. Z_punkt (2009a), S. 3.
[241] Vgl. Pillkahn, U. (2007), S. 438; Kosow, H., Gaßner, R (2008), S. 21 u. 51.

Systemszenarien.[242]

Die Szenarioanalyse im engeren Sinn ist mit der Generierung von Szenarien beendet. Das Ergebnis wird in der Literatur mithilfe des sogenannten Trichtermodells dargestellt. Das Trichtermodell soll den multiplen und zukunftsgerichteten Ansatz der Szenarioanalyse verdeutlichen.[243] Zur Veranschaulichung des Ergebnisses der Phase der Szenario-Generierung dient die Abbildung des Trichtermodells in der Abbildung 18.[244]

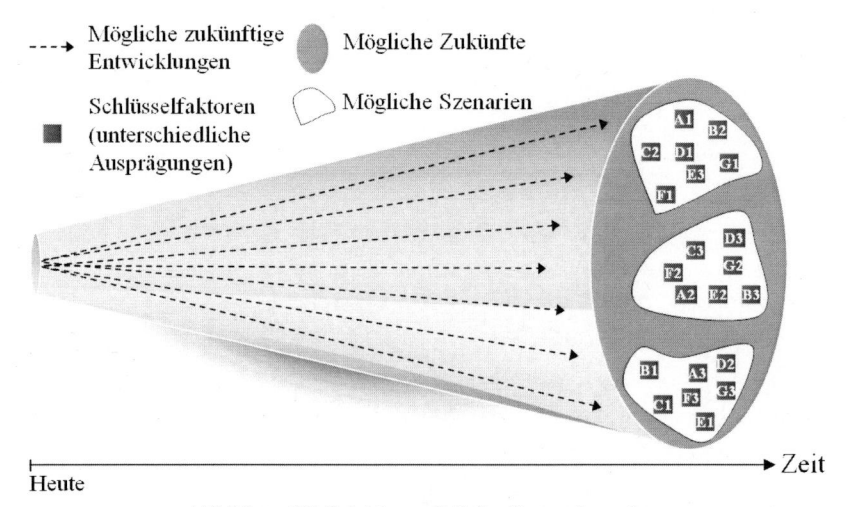

Abbildung 18: Trichtermodell der Szenarioanalyse
Quelle: Eigene Darstellung in Anlehnung an Geschka, H. (2006), S. 360;
Lindgren, M., Bandhold, H. (2009), S. 24.

Es sollten generell zwischen zwei und vier Szenarien generiert werden. In der Praxis hat sich herausgestellt, dass eine Szenarioanalyse mit einer Anzahl von mehr als vier Szenarien schwer handhabbar und oberflächlich ist.[245] Allerdings muss beachtet werden, dass eine Anzahl von drei Szenarien in der Praxis dazu führen kann, dass das „mittlere" Szenario von Mitarbeitern, denen die Funktion der Szenarioanalyse nicht bekannt ist, als wahrscheinlichstes Szenario verstanden wird, dies aber nicht im Sinne der Szenarioanalyse ist.[246] Der Prozess der Szenarioanalyse im engeren Sinn ist mit der Durchführung der Konsistenzanalyse bzw. der morphologischen Analyse abgeschlossen.

---

[242] Vgl. Kosow, H., Gaßner, R. (2008), S. 21 u. 50 f.; Siehe auch 4.2.5.1 „Szenariofeld-Bestimmung".
[243] Vgl. Kosow, H., Gaßner, R. (2008), S. 12 f.
[244] Siehe auch 4.2.2.2 „Klassifizierung".
[245] Vgl. Gustke, C. (2009), S. 22; Wright, A. (2005), S. 98.
[246] Vgl. Schwartz, P. (1991), S. 247.

4.2.5.5 Szenario-Transfer

Der Szenario-Transfer bildet für Unternehmen die Phase, in der die Auswirkungen verschiedener Strategien identifiziert und die Robustheit einer Strategie getestet werden kann.[247] In der Literatur wird in Bezug auf diese Phase der Szenarioanalyse von einem Theoriedefizit gesprochen. Für diesen Schritt gibt es zwar keine standardisierte Weise, jedoch kann in diesem Zusammenhang eine Metapher verwendet werden, die das Prinzip des Szenario-Transfers beispielhaft verdeutlicht.[248]

Darin wird die Strategie eines Unternehmens mit einem neu entwickelten Flugzeugmodell und ein Umwelt-Szenario mit einem Windtunnel verglichen. Genau wie ein neu entwickeltes Flugzeugmodell, das zunächst in einem Windtunnel getestet und immer wieder angepasst werden muss, sollte im Sinne der Metapher eine Strategie in unterschiedlichen Umwelt-Szenarien getestet und gegebenenfalls angepasst werden.[249]

Durch die Kombination von Gestaltungsfeld-Szenarien mit unterschiedlichen Umwelt-Szenarien kann überprüft werden, welche Strategie sich zukünftig eignen könnte und welche nicht. In diesem letzten Schritt kommt es darauf an, dass das Management sich für diejenige Strategie entscheidet, welche möglichst in allen Umwelt-Szenarien weitestgehend robust ist.[250] Ist das nicht der Fall, so wäre die Umsetzung der Strategie gemäß der Szenarioanalyse insbesondere dann mit hohem Risiko verbunden, wenn die Robustheit der Strategie vor allem durch exogene Einflussfaktoren bestimmt wird.[251]

4.2.6 Zusammenfassende Würdigung

Die Vor- und Nachteile der Szenarioanalyse, die sich auf deren Funktionen und Anwendungsbedingungen beziehen, sind in der Abbildung 19 zusammenfassend veranschaulicht.

---

[247] Vgl. Davis, A. (2008), S. 88; Pillkahn, U. (2007), S. 269.
[248] Vgl. Dönitz, E. J. (2009), S. 40.
[249] Vgl. Heijden, K. v. d. (1997), S. 4 f.
[250] Vgl. Pillkahn, U. (2007), S. 268.
[251] Vgl. Mietzner, D. (2009), S. 143.

	Vorteile	**Nachteile**
Funktionen und Anwendungs-bedingungen	- **Explorationsfunktion:** Aneignung von zukunftsrelevantem Wissen und Überprüfung der Annahmen gegenwärtiger Entscheidungen - **Kommunikationsfunktion:** Bündelung unternehmensinternen Wissens sowie Vernetzung operativer und strategischer Abteilungen - **Strategiebildungsfunktion:** Verdeutlichung der möglichen zukünftigen Auswirkungen unterschiedlicher Strategien	- **Unsicherheit notwendig:** Nur für Probleme geeignet, deren Lösung unklar ist - **Überzeugung notwendig:** Akzeptanz der Methode bei Führungskräften und Mitarbeitern ist erfolgskritisch - **Ressourcen notwendig:** Bindung zeitlicher, finanzieller und personeller Ressourcen über mehrere Wochen oder Monate. - **Veränderungswille notwendig:** Strategische Veränderungen müssen notwendig und möglich sein

Abbildung 19: Kritische Würdigung: Funktionen und Anwendungsbedingungen
Quelle: Eigene Darstellung.

Die kritische Würdigung der Methoden, Modelle und Vorgehensweisen im Rahmen der generellen Phasen der Szenarioanalyse ist in der Abbildung 20 zusammengefasst. Die aufgeführten Vor- und Nachteile beziehen sich dabei generell auf die alternativen Möglichkeiten. Beispielsweise sind die Vorteile von Experten-Workshops in Kombination mit Brainstorming in Bezug auf die Delphi-Methode oder die Nachteile der Konsistenzanalyse im Verhältnis zur morphologischen Analyse zu verstehen.

		Methode/ Modell/Vor- gehensweise	Vorteile	Nachteile
Phasen	Szenariofeld- Bestimmung	Schema für System- szenarien	• Berücksichtigung exogener und endogener Einflussfaktoren auf mögliche zukünftige Entwicklungen	• keine Einbeziehung von Diskontinuitäten
	Schlüssel- faktor- Identifikation und -Analyse	STEEP- Sektoren- Modell	• Struktur zur Suche und Kategorisierung möglicher exogener Einflussfaktoren	• Risiko der Ausblendung von Schlüsselfaktoren anderer Sektoren
		Brainstorming in Experten- Workshop	• Bündelung unternehmensinternen Wissens • hohe Ergebnisakzeptanz bei den Prozessbeteiligten	• negative gruppendynamische Effekte • Ergebnisse basieren eher auf intuitivem als auf theoretisch fundiertem Wissen • ressourcenintensiv • terminabhängig
		Delphi- Methode	• Vorteile wie Experten-Workshops • keine negativen gruppendynamischen Effekte aufgrund von Anonymisierung • terminunabhängig	• Konsensfindung schwierig • Ergebnisse basieren eher auf intuitivem als auf theoretisch fundiertem Wissen • besonders ressourcenintensiv aufgrund von Einzelbefragungen
		Recherche	• Ergebnisse basieren auf theoretisch fundiertem Wissen • geringer Einsatz von Ressourcen • terminunabhängig	• keine Bündelung unternehmens- internen Wissens • hohe Subjektivität: Erklärungs- bedürftigkeit der Ergebnisse
	Szenario- Generierung	Konsistenz- analyse	• Anzahl Rohszenarien wird um inkonsistente Szenarien verringert	• Nutzung von Szenario-Software ist mit Kosten verbunden
		Morpholog- ische Analyse	• simple, transparente Vorgehensweise • Generierung von Systemszenarien	• konsistente Szenarien müssen intuitiv identifiziert werden
	Szenario- Transfer	Windtunnel- Metapher	• grobe Struktur zum Testen der Robustheit von Strategien mithilfe von Szenarien.	• keine genaue Beschreibung der Vorgehensweise

Abbildung 20: Kritische Würdigung: Generelle Phasen
Quelle: Eigene Darstellung.

Abschließend werden die wesentlichen Vor- und Nachteile der Szenarioanalyse zusammenfassend erläutert. Die nachfolgenden Ausführungen beziehen sich dabei vor allem auf die Vor- und Nachteile der Szenarioanalyse im Vergleich zur Prognose.

Im Unterschied zur Prognose werden bei einer Szenarioanalyse neben quantitativen auch qualitative Informationen berücksichtigt.[252] Mögliche zukünftige Einflussfaktoren qualitativen Charakters, die intuitiv von Entscheidungsträgern identifiziert werden, könnten unter Umständen einen höheren Einfluss auf den Erfolg zukünftiger Strategien haben als quantitative Einflussfaktoren. Bei der Erstellung von Prognosen werden diese Faktoren allerdings in der Regel von vornherein nicht weiter berücksichtigt.[253]

Einer der wesentlichen Vorteile der Szenarioanalyse und einer der Gründe für den

---
[252] Siehe auch 4.2.2.3 „Klassifizierung" u. 4.2.5.2 „Schlüsselfaktor-Identifikation".
[253] Vgl. Mietzner, D. (2009), S. 157.

vermehrten Einsatz in Unternehmen liegt ebenfalls in der stärkeren Einbeziehung alternativer zukünftiger Entwicklungen in die strategische Planung.[254] Denn je mehr sich Entscheidungsträger mit der Frage auseinandersetzen, wie sich das in Zukunft unsicherer und dynamischer werdende Unternehmensumfeld entwickeln könnte und je weniger sie versuchen, die Veränderungen der Vergangenheit auch zukünftig anzunehmen, desto eher können sie Strategien des Unternehmens auf mögliche zukünftige Entwicklungen ausrichten und davon profitieren.[255] Die Prognose hingegen erlaubt lediglich die Betrachtung einer möglichen Zukunft. Sie ist daher mit einem höheren Risiko verbunden als die Szenarioanalyse.[256]

Durch die intensive und frühzeitige Auseinandersetzung mit vielfältigen möglichen Entwicklungen im Unternehmensumfeld und deren Auswirkungen auf mögliche zukünftige Strategien kann das Problemlösungsverständnis von Entscheidungsträgern gesteigert, deren Reaktionsgeschwindigkeit erhöht und damit die Wettbewerbsfähigkeit des Unternehmens gesteigert werden.[257] Das folgende Beispiel soll dies verdeutlichen:

In den frühen Siebzigern waren die Preise für Erdöl gering und es wurden keine Preissteigerungen erwartet. Zu diesem Zeitpunkt entwickelte man bei Shell unter anderem ein Szenario, in dem die Preise für Rohöl stark ansteigen, weil einige Staaten ihre Produktion drosseln. Das Management von Shell entwickelte für dieses Szenario die Strategie, sämtliche Ressourcen auf die Veredelung und den Transport von Rohöl zu konzentrieren. Als 1973 tatsächlich einige Erdöl exportierenden Länder die Erdölmenge auf dem Weltmarkt verknappten, hat Shell Strategie direkt in die Praxis umgesetzt und erarbeitete sich damit einen deutlichen Vorsprung zu seinen Wettbewerbern.[258]

Dieses Beispiel zeigt, dass Entscheidungsträger im Rahmen der Szenarioanalyse für die wesentlichen Faktoren sensibilisiert werden, die zukünftig ihr Aufgabengebiet beeinflussen könnten, und dabei Wissen erlangen, das den Erfolg gegenwärtiger Entscheidungen erhöhen kann.[259]

---

[254] Vgl. Müller, A. W., Müller-Stewens, G. (2009), S. 25 f.; Mietzner, D. (2009), S. 114; Steinmüller, K. (1997), S. 57; Mietzner, D., Reger, G. (2005), S. 61.
[255] Vgl. Lindgren, M., Bandhold, H. (2009), S. 28 f.; Mietzner, D. (2009), S. 156.
[256] Vgl. Müller, A. W., Müller-Stewens, G. (2009), S. 25 f.; Mietzner, D. (2009), S. 114.
[257] Vgl. Pillkahn, U. (2007), S. 165 f.; Mietzner, D., Reger, G. (2005), S. 61.
[258] Vgl. Peterson, G. D., Cumming, G. S., Carpenter, S. R. (2003), S. 363.
[259] Vgl. Geschka, H. (2006), S. 372; Molitor, G. T. T. (2009), S. 85; Wilkinson, A., Eidinow, E. (2008), S. 2; Wright, A. (2005), S. 94.

Für diese zukunftsoffene Herangehensweise der Szenarioanalyse ist jedoch eine umfangreiche Sammlung und Auswertung von Informationen notwendig.[260] Je breiter der betrachtete zeitliche Horizont und der geografische Raum der Szenarien ist und je höher die Anzahl der betrachteten Schlüsselfaktoren, desto mehr erfordert die Generierung von Szenarien Ressourcen. Auch die Anzahl der Prozessbeteiligten und deren Vorwissen beeinflusst die Höhe der benötigten Ressourcen. In der Praxis zeigt sich, dass die Durchführung einer Szenarioanalyse mindestens mehrere Tage, häufig sogar mehrere Monate, finanzielle, zeitliche und personelle Ressourcen in Anspruch nimmt.[261] Dieser Aufwand hält viele Unternehmen von deren Anwendung ab. Er stellt eine der wesentlichen Schwächen des Instruments im Vergleich zur Prognose dar und kann unter Umständen dazu führen, dass der Wert der Erkenntnisse durch die Szenarioanalyse geringer ist als die Kosten, die Unternehmen mit der Durchführung entstehen.[262]

Ein weiterer Nachteil betrifft den Einfluss, den Subjektivität auf das Ergebnis der Szenarioanalyse haben kann. In allen Phasen sind von den Prozessbeteiligten Aufgaben zu bewältigen, deren Ergebnisse stark von ihrem Wissen und von ihrer Kreativität abhängen. Damit ist die Nachvollziehbarkeit von Szenarien nicht immer gegeben.[263] Jedoch zählt die Nachvollziehbarkeit neben Allgemeingültigkeit, Zeitlosigkeit, Widerspruchsfreiheit und Kontextunabhängigkeit zu den Kriterien, die erfüllt sein müssen, um ein Instrument oder eine Methode als wissenschaftlich bezeichnen zu können.[264]

Als ein Nachteil der Szenarioanalyse wird außerdem angeführt, dass Szenarien nicht mit Wahrscheinlichkeiten versehen werden. Angenommen, in der letzten Phase der Szenarioanalyse würden die generierten Szenarien mit unterschiedlichen Wahrscheinlichkeiten versehen, so bestünde das Risiko, dass Entscheidungsträger zu dem wahrscheinlichsten Zukunftsbild tendieren und darauf ihre zukünftige Strategie ausrichten. Diese Vorgehensweise ist allerdings dem Vorgehen im Rahmen der traditionellen strategischen Planung ähnlich und entspricht nicht den Funktionen der Szenarioanalyse.[265]

---

[260] Vgl. Schwartz, P. (1991), S. 60 ff.; Pillkahn, U. (2007), S. 233.
[261] Vgl. Kosow, H., Gaßner, R. (2008), S. 3 ff.
[262] Vgl. Molitor, G. T. T. (2009), S. 81.
[263] Vgl. Kosow, H., Gaßner, R. (2008), S. 10 u. 29; Meinert, S. (2004), S. 9.
[264] Vgl. Pillkahn, U. (2007), S. 32.
[265] Vgl. Wilkinson, A. (2009), S. 109.

5 Szenarioanalyse im Praxisbeispiel

Das Management eines mittelständischen Dienstleistungsunternehmens plant, frühzeitig auf den Megatrend „Klimawandel und Umweltbelastung" zu reagieren und hat beschlossen, zukünftig neben den wirtschaftlichen Zielen bei der strategischen Planung auch soziale und ökologische Entscheidungskriterien zu berücksichtigen.

Als ein konkretes Ziel sieht das Management vor, die CO_2-Emissionen der 375[266] Kraftfahrzeuge im Unternehmensfuhrpark zu senken. Daraus resultiert die Anweisung an das Fuhrparkmanagement, zukünftig auch Maßnahmen zur Reduzierung der Emissionen des Fuhrparks in die strategische Planung einzubinden.

Die Fuhrparkverantwortlichen führten die strategische Planung bislang auf die traditionelle Weise mithilfe von Prognosen durch. Wie es bei der Erstellung von Prognosen üblich ist, haben die Entscheidungsträger vergangene Entwicklungen analysiert, deren Gesetzmäßigkeiten identifiziert und diese für die Zukunft fortgeschrieben.

Die zukünftige Berücksichtigung ökologischer Entscheidungskriterien ist für die Fuhrparkverantwortlichen jedoch mit einer hohen Unsicherheit verbunden, sodass sie sich aufgrund der Erfüllung der Anwendungsbedingungen für die Durchführung der Szenarioanalyse entscheiden. Die Vorgehensweise richtet sich dabei nach den generellen Phasen der Szenarioanalyse.[267]

5.1 Szenariofeld-Bestimmung
5.1.1 Ausgangssituation des Fuhrparks
5.1.1.1 Dienstwagenordnung

Ob die Mitarbeiter des mittelständischen Dienstleistungsunternehmens die Berechtigung haben, einen Dienstwagen zu fahren, richtet sich primär nach deren Funktion. Wie in der Abbildung 21 veranschaulicht, gehören die Berechtigten entsprechend ihrer Funktion Dienstwagengruppen an, denen bestimmte Beispielmodelle zugeordnet sind.

---

[266] Vgl. Business As Usual.xls, Tabelle „Fuhrpark".
[267] Siehe auch 4.2.5 „Generelle Phasen".

Dienstwagen-gruppe	Mitarbeiterfunktion	Beispielmodell laut Dienstwagenordnung
5	Geschäftsführer, Regionalleiter, Bereichsleiter	Audi A6 Avant 2.7 TDI quattro
4	Niederlassungsleiter	Mercedes Benz E 200 CDI T
3	Abteilungsleiter, Abrechnungsleiter, Verkaufsleiter, Serviceleiter, Technischer Supporter, Key Accounter	Ford Mondeo Turnier 2.0 TDCI
2	Fachberater, Vertriebsbeauftragter	Ford Mondeo Turnier 2.0 TDCI
1	Sonstige Mitarbeiter, wenn jährliche Fahrleistung über 15.000 km	Ford Focus Turnier 1.6 TDCI
KDT	Kundendiensttechniker (private Nutzung nicht möglich)	Renault Kangoo 1.4 DCI
Pool	Poolfahrzeuge (private Nutzung nicht möglich)	Opel Astra Caravan 1.3 CDTI

Abbildung 21: Dienstwagengruppen und -modelle
Quelle: Eigene Darstellung. Vgl. Dienstwagenordnung (2009); Business As Usual.xls, Tabelle „Daten".

Für die Beispielmodelle übernimmt das Unternehmen jegliche Kosten, die mit dem Fahrzeug verbunden sind.[268] Sofern eine Änderung des Fahrzeugmodells oder dessen Ausstattung gewünscht wird, besteht für Dienstwagenfahrer die Möglichkeit, eine Zuzahlung an das Unternehmen zu leisten. Die Höhe des Zuzahlungsbetrags ist beschränkt und richtet sich nach der Dienstwagengruppe und der jährlichen Kilometerleistung der Fahrzeuge.

Grundsätzlich können lediglich Modelle der Hersteller Mercedes Benz, BMW, Audi, Volkswagen, Ford und Opel ausgewählt werden. Bis auf Modelle, wie Sportwagen, Coupés oder Cabriolets, können alle Modelle dieser Hersteller geleast werden. Die Dienstfahrzeuge von Kundendiensttechnikern sowie die Poolfahrzeuge werden vom Fuhrparkmanagement vorgegeben und dürfen privat nicht genutzt werden.[269]

5.1.1.2 Fahrzeugbestand

In der Abbildung 22 ist die Anzahl der Dienstfahrzeuge je Dienstwagengruppe zum 31.12.2009 dargestellt. Die Anzahl der Fahrzeuge ist von links nach rechts absteigend sortiert.

---
[268] Siehe auch 5.1.1.3 „Fuhrparkkosten".
[269] Vgl. Dienstwagenordnung (2009), S. 1 u. 9.

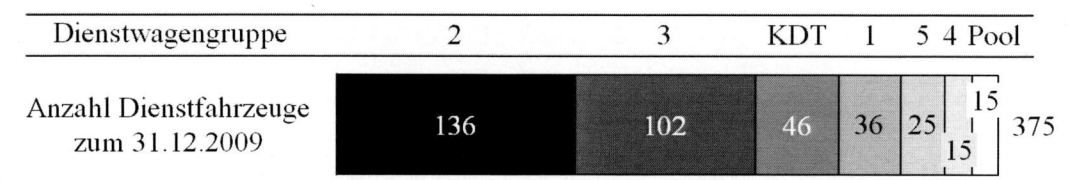

Dienstwagengruppe	2	3	KDT	1	5	4	Pool	
Anzahl Dienstfahrzeuge zum 31.12.2009	136	102	46	36	25	15	15	375

Abbildung 22: Fahrzeugbestand je Dienstwagengruppe am 31.12.2009
Quelle: Eigene Darstellung. Vgl. Business As Usual.xls, Tabelle „Fuhrpark".

Zum 31.12.2009 umfasst der Fuhrpark des mittelständischen Dienstleistungsunternehmens 375 Dienstfahrzeuge.[270]

5.1.1.3 Fuhrparkkosten

In 2008 betragen die gesamten Fuhrparkkosten des mittelständischen Dienstleistungsunternehmen 3.836.916,75 Euro. Im darauffolgenden Jahr summieren sich die Gesamtkosten auf 3.210.891,84 Euro. Den höchsten Anteil an den Gesamtkosten haben die Leasing- und Kraftstoffkosten. In 2008 und 2009 fällt jeweils rund die Hälfte der gesamten Fuhrparkkosten auf das Leasing der Dienstfahrzeuge. Rund ein Drittel der Gesamtkosten fallen in 2008 und 2009 für Kraftstoff an.[271] Die genaue prozentuale Verteilung der Fuhrparkkosten kann der Abbildung 23 entnommen werden.

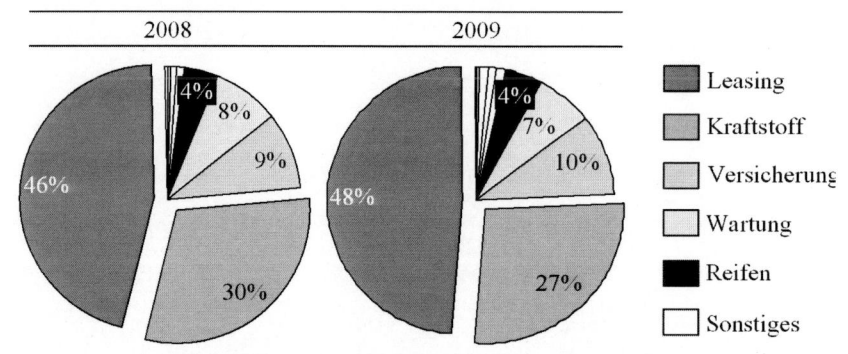

Abbildung 23: Prozentuale Verteilung der Fuhrparkkosten
Quelle: Eigene Darstellung. Vgl. Business As Usual.xls, Tabelle „Verteilung Fuhrparkkosten in %".

Für die Szenarioanalyse empfiehlt es sich, den Fokus auf die Leasing- und Kraftstoffkosten zu legen, da diese mit Abstand die größten Kostenpositionen darstellen und im Wesentlichen lediglich die Leasing- und Kraftstoffkosten durch Ansätze zur Emissionsminderung beeinflusst werden.[272]

---

[270] Vgl. Business As Usual.xls, Tabelle „Fuhrpark".
[271] Vgl. Business As Usual.xls, Tabellen „Gesamtkosten" u. „Verteilung Fuhrparkkosten in %".
[272] Siehe auch Kapitel 4 „Ansätze zur Emissionsminderung im Fuhrpark".

Im Folgenden werden die Leasing- und Kraftstoffkosten in 2008 und 2009 auf Dienstwagengruppenebene genauer veranschaulicht. Dafür bietet sich eine Durchschnittsbetrachtung wie in der Abbildung 24 an. Dargestellt sind darin die Leasing- und die Kraftstoffkosten pro 100 Kilometer pro Fahrzeug.

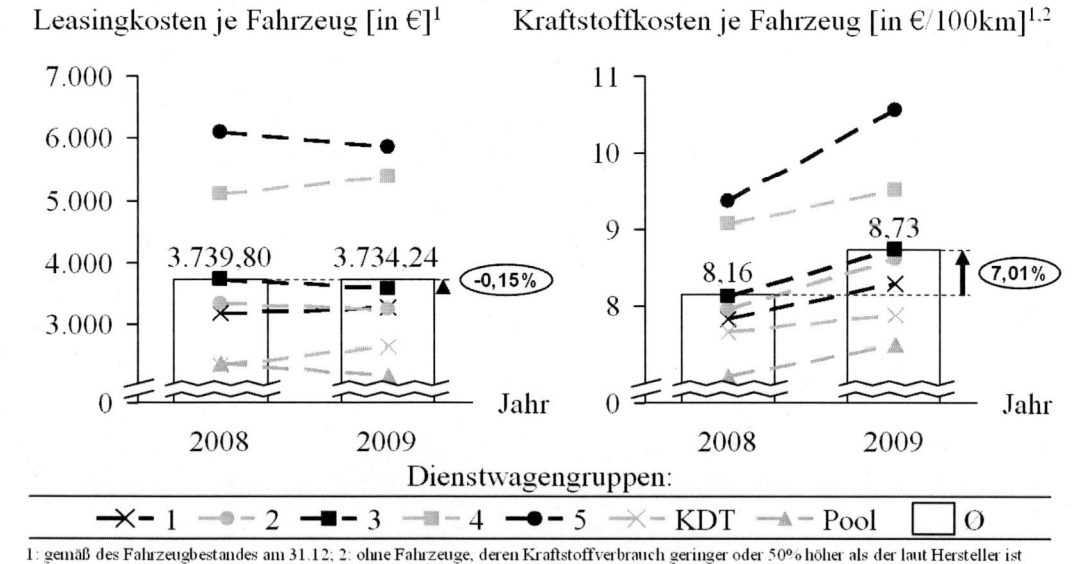

Abbildung 24: Leasing- und Kraftstoffkosten je Fahrzeug
Quelle: Eigene Darstellung. Vgl. Business As Usual.xls, Tabelle „Leasingkosten" und „Kraftstoffkosten".

Als Basis für die in der Abbildung 24 dargestellten Kosten dient jeweils der Fahrzeugbestand am 31. Dezember vermindert um diejenigen Fahrzeuge, für welche die notwendigen Informationen nicht vorliegen.[273] Dies ist insbesondere dann der Fall, wenn Fahrzeuge von akquirierten Unternehmen übernommen wurden.

Eine Besonderheit ist bei den Kraftstoffkosten je Fahrzeug zu beachten: Da diese in Euro pro 100 Kilometer angegeben sind, hängt ihre Aussagekraft von der Validität der Kilometerstände ab, die von den Dienstwagenfahrern bei jeder Bezahlung der Kraftstoffkosten mit einer Tankkarte abgefragt werden. Um die Fahrzeuge mit unplausiblen Kilometerständen von der Berechnung auszuschließen, wird angenommen, dass ein tatsächlicher Kraftstoffverbrauch pro 100 Kilometer, der den laut Hersteller unterschreitet oder um bis zu 50 Prozent überschreitet, nicht plausibel ist.

---

[273] Siehe auch Abbildung 22.

5.1.1.4 CO$_2$-Emissionen

Im Folgenden sollen, analog zu den Kraftstoffkosten pro 100 Kilometer, die tatsächlich emittierten CO$_2$-Emissionen der Fahrzeuge auf Dienstwagengruppenebene dargestellt werden. Genau wie der Kraftstoffverbrauch pro 100 Kilometer laut Hersteller nicht dem tatsächlichen Verbrauch entspricht, stimmen die von den Herstellern angegebenen CO$_2$-Emissionen pro Kilometer nicht mit dem tatsächlich emittierten CO$_2$ überein.

Um das tatsächlich emittierte CO$_2$ zu berechnen, werden einige Informationen benötigt: Die erste Information ist der tatsächliche Kraftstoffverbrauch pro 100 Kilometer. Dieser wird über das Tankkartensystem zur Verfügung gestellt und liegt dem Fuhrparkmanagement vor.[274] Darüber hinaus werden die Herstellerangaben zu CO$_2$-Ausstoß und Kraftstoffverbrauch der Fahrzeuge benötigt, welche beispielsweise aus Aufstellungen von der Deutschen Automobil Treuhand oder der Berliner Energieagentur entnommen werden können.[275] Die letzte notwendige Information ist, dass es ein lineares Verhältnis zwischen Kraftstoffverbrauch und CO$_2$-Emissionen gibt.[276] Sind alle Informationen zusammengetragen, können die tatsächlich emittierten CO$_2$-Emissionen pro 100 Kilometer mit der folgenden Formel berechnet werden:

$$x_2 = \frac{y_2}{y_1} \times x_1$$

x_2: tatsächliche CO$_2$-Emissionen [g/km]
y_2: tatsächlicher Kraftstoffverbrauch [l/100km]
y_1: Kraftstoffverbrauch [l/100km] laut Hersteller
x_1: CO$_2$-Emissionen [g/km] laut Hersteller

Ähnlich wie in der Abbildung 24 sind in der Abbildung 25 die CO$_2$-Emissionen pro Kilometer in den Jahren 2008 und 2009 jeweils pro Fahrzeug und auf Dienstwagengruppenebene dargestellt. Auch hier gelten dieselben Annahmen, wie für die Leasing- und Kraftstoffkosten.

---

[274] Vgl. Business As Usual.xls, Tabelle „Daten", Spalten "Verbrauch 2008" u. "Verbrauch 2009".
[275] Vgl. DAT (2009), BEA (2008).
[276] Vgl. Wittenbrink, P. (2009), S. 4; Puls, T. (2006), S. 21.

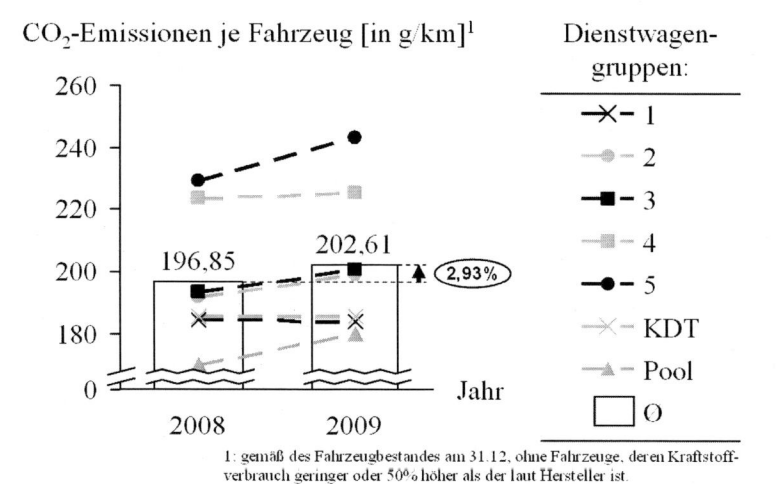

Abbildung 25: CO₂-Emissionen je Fahrzeug
Quelle: Eigene Darstellung. Vgl. Business As Usual.xls, Tabelle „CO$_2$-Emissionen".

Der gesamte CO$_2$-Ausstoß des Fuhrparks in 2008 beträgt 2.594,26 Tonnen. In 2009 beträgt er 1.969,06 Tonnen und entspricht damit beispielsweise in etwa der Menge an CO$_2$, die rund 2.000 gewöhnliche Buchen im Jahr 2090 kompensieren würden, wenn man sie heute pflanzte.[277]

5.1.2 Problemstellung des Fuhrparkmanagements

Nachdem der Fuhrpark des mittelständischen Dienstleistungsunternehmens als Szenariofeld analysiert und die Ausgangssituation beschrieben wurde, wird im nächsten Schritt die Problemstellung des Fuhrparkmanagements formuliert. Dazu ist es notwendig, zunächst die Art, den zeitlichen Horizont und die geografische Reichweite der zu erstellenden Szenarien zu bestimmen.[278]

Für den Fuhrpark als Szenariofeld empfiehlt es sich, Systemszenarien nach dem häufig verwendeten Schema zu erstellen.[279] Folglich werden entsprechend des Schemas unterschiedliche Gestaltungsfeld-Szenarien jeweils mit einem positiven und einem negativen Umwelt-Szenario kombiniert.

In der Abbildung 26 wurde das Schema auf das Praxisbeispiel übertragen. Es veranschaulicht noch einmal, dass das Szenariofeld „Fuhrpark" im Rahmen der Problemstellung des ökologischen Fuhrparkmanagements als Systemszenario zu verstehen ist.

---

[277] Vgl. Business As Usual.xls, Tabelle „CO$_2$-Emissionen"; Vgl. Klein, D. (2009), S. 1.
[278] Siehe auch 4.2.5.1 "Szenariofeld-Bestimmung".
[279] Siehe auch Abbildung 13.

Gestaltungsfeld-Szenarien	*Umwelt-Szenarien*
„Business As Usual" Keine Umsetzung von Ansätzen zur Emissionsminderung	„Worst Case" Umweltfaktoren entwickeln sich negativ
„Eco Car" (Ansatz: Umweltlabel) „E-Mobility" (Ansatz: Elektromobilität) „Eco Driver" (Ansatz: Eco-Fahrtrainings)	„Best Case" Umweltfaktoren entwickeln sich positiv

Abbildung 26: Systemszenarien im Praxisbeispiel
Quelle: Eigene Darstellung in Anlehnung an Kosow, H., Gaßner, R. (2008), S. 21;
May, G. H. (2008), S 143.

Um eine Basis für einen späteren Vergleich aller Szenarien zu ermöglichen, bietet es sich an, zunächst ein Referenz-Szenario „Business As Usual" jeweils mit einem negativen Extremszenario „Worst Case" und einem positiven Extremszenario „Best Case" zu kombinieren. Auf diese Weise soll herausgefunden werden, wie die Aufgaben und Ziele des Fuhrparkmanagements zukünftig im besten und im schlechtesten Fall von Umweltfaktoren beeinflusst werden könnten, wenn keine Ansätze zur Emissionsminderung umgesetzt werden. Um die CO_2-Emissionen des Fuhrparks zu senken, können dem Fuhrparkmanagement die in Kapitel 3 ausgewählten Ansätze als Policy-Szenarien dienen.

Mithilfe des Policy-Szenarios „Eco Car" können die Fuhrparkverantwortlichen dafür sensibilisiert werden, inwieweit die als kostengünstigster Ansatz identifizierte Einführung von Fahrzeugen mit Umweltlabel deren Aufgaben und Ziele in Zukunft beeinflussen könnte. Die möglichen zukünftigen Auswirkungen auf die Fuhrparkkosten, die CO_2-Emissionen und die Mobilität der Mitarbeiter durch Verwendung von Elektrofahrzeugen kann mithilfe des Szenarios „E-Mobility" untersucht werden. Die Frage, inwieweit die Bereitschaft der Dienstwagenfahrer zukünftig die Kosten- und CO_2-Emissionen bestimmt, kann mithilfe des Szenarios „Eco Driver" beantwortet werden, in dem der Ansatz „Eco-Fahrtrainings" als zukünftige Strategie angenommen wird.[280]

Um Systemszenarien zu bilden und die Robustheit der einzelnen Strategien zu testen, müssen die drei Policy-Szenarien ebenso wie das Referenz-Szenario „Business As Usual" mit den Umwelt-Szenarien „Worst Case" und „Best Case" kombiniert werden.

---

[280] Siehe auch 3.5 „Auswahl der Ansätze für die Szenarioanalyse".

Im Theorieteil wird bezüglich der Phase der Szenariofeld-Bestimmung unter anderem darauf hingewiesen, dass die Bestimmung des zeitlichen Horizonts und der geografischen Reichweite der zu erstellenden Szenarien in Abhängigkeit vom Szenariofeld erfolgen muss.[281] Übertragen auf das Praxisbeispiel wird dies insbesondere bei der nachfolgenden Bestimmung des zeitlichen Horizonts deutlich:

Am 31.12.2009 ist jeder der 375 Dienstwagen an einen Leasingvertrag gebunden. Die Laufzeit beträgt drei bis vier Jahre. Somit wird nahezu der gesamte Fahrzeugbestand bis Ende 2013 erneuert.[282] In der Abbildung 27 ist der Fahrzeugbestand zum 31.12 im Zeitraum von 2008 bis 2013 unter der Annahme dargestellt, dass nach dem 31.12.2009 keine neuen Leasingverträge abgeschlossen werden.

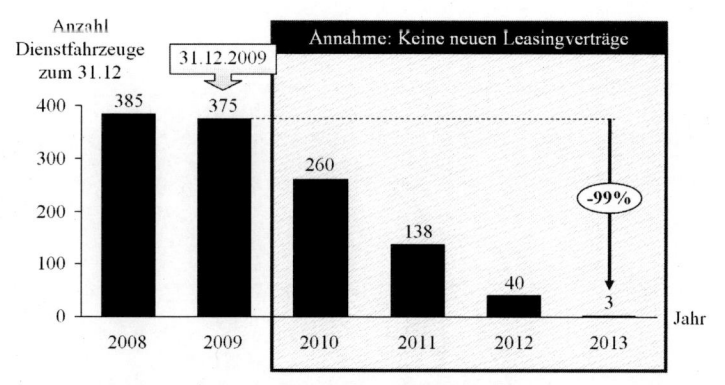

Abbildung 27: Fahrzeugbestand und auslaufende Leasingverträge
Quelle: Eigene Darstellung. Vgl. Business As Usual.xls, Tabelle „Fuhrpark".

Die beiden Szenarien „Eco Car" und „E-Mobility" stellen Ansätze der fahrzeuginduzierten Emissionsminderung dar. Für sie sind die restlichen Vertragslaufzeiten der Leasingverträge des Fahrzeugbestands am 31.12.2009 von Bedeutung. Eine nahezu abgeschlossene Wirkung würde mit diesen beiden Ansätzen erst Ende 2013 erzielt werden. Um die zukünftigen Auswirkungen aller Systemszenarien miteinander vergleichen zu können, wird für die Szenarioanalyse als zeitlicher Horizont der Zeitraum vom 01.01.2009 bis zum 31.12.2013 gewählt.

Die geografische Reichweite der zu erstellenden Szenarien ist für das Praxisbeispiel eindeutig: Die Szenarien beschränken sich auf den Fuhrpark des mittelständischen Dienstleistungsunternehmens und damit auf die 375 Dienstfahrzeuge in Deutschland.

---

[281] Siehe auch 4.2.5.5 „Szenario-Transfer".
[282] Vgl. Business As Usual.xls, Tabelle „Fuhrpark".

Nachdem die Art, der zeitliche Horizont und die geografische Reichweite der zu erstellenden Szenarien im Sinne des Theorieteils bestimmt wurden, soll abschließend die genaue Problemstellung des Fuhrparkmanagements beschrieben werden:

Das Fuhrparkmanagement eines mittelständischen Dienstleistungsunternehmens möchte zukünftig seinen Fuhrpark ökologischer ausrichten und mithilfe von Ansätzen zur Emissionsminderung den CO_2-Ausstoß des Fuhrparks senken. Aus den gängigen Ansätzen zur Emissionsminderung wurden diejenigen Ansätze ausgewählt, die am ehesten die Kosten senken (Umweltlabel), den CO_2-Ausstoß mindern (Elektromobilität) oder von der Bereitschaft der Dienstwagenfahrer abhängen (Eco-Fahrtrainings).

Die Aufgaben und Ziele des ökologischen Fuhrparkmanagements könnten zukünftig jedoch nicht nur endogen, sondern auch exogen durch äußere Umweltfaktoren beeinflusst werden. Die Fuhrparkverantwortlichen stellen sich deshalb die Frage, welche Auswirkungen die jeweilige Durchführung der drei Ansätze oder eine „Business As Usual"-Strategie auf die Aufgaben und Ziele im Zeitraum von Anfang 2010 bis Ende 2013 im besten und im schlechtesten Fall haben könnten. Zur Beantwortung dieser Frage werden im Rahmen einer Szenarioanalyse vier Systemszenarien entwickelt. Das Ziel ist es dabei, die Kosten und die CO_2-Emissionen des Fuhrparks in den vier Szenarien miteinander zu vergleichen und damit eine Basis für die gegenwärtigen Entscheidungen der Fuhrparkverantwortlichen zu schaffen.

5.2 Schlüsselfaktor-Identifikation

Zur Identifikation der Schlüsselfaktoren im Praxisbeispiel können die im Theorieteil der Untersuchung erörterten Modelle, Methoden und Vorgehensweisen verwendet werden. Experten-Workshops oder die Delphi-Methode scheinen mit Bezug auf den Fuhrpark als stark begrenztes Szenariofeld zu ressourcenintensiv für die Zwecke des Unternehmens zu sein. Daher wird den beiden Methoden eine Recherche vorgezogen.[283]

Als Nachteil der Recherche kann zwar angeführt werden, dass dadurch unternehmensinternes Wissen nicht wie in Experten-Workshops oder bei der Anwendung der Delphi-Methode gebündelt werden kann. Allerdings ist insbesondere in Hinblick auf den Themenbereich des ökologischen Fuhrparkmanagements derzeit weder intuitives noch theoretisch fundiertes Wissen im Unternehmen vorhanden. Daher bietet es sich auch in

---

[283] Siehe auch 4.2.5.2 „Schlüsselfaktor-Identifikation".

Bezug auf diese wissenschaftliche Untersuchung an, eine theoretisch fundierte Recherche durchzuführen.

Voraussetzung für die Durchführung einer Recherche zur Schlüsselfaktor-Identifikation ist es zu klären, welche Schlüsselfaktoren aus welchem Grund identifiziert werden.[284] Für den Praxisteil bietet sich an, die Recherche an der Frage zu orientieren, welche Faktoren der STEEP-Sektoren zukünftig die Aufgaben und Ziele des ökologischen Fuhrparkmanagements, das heißt Kostenminimierung, CO_2-Minimierung und Gewährleistung der Mobilität der Mitarbeiter, beeinflussen könnten.[285]

Die Ergebnisse dieser Recherche sind in Kapitel 3 „Ansätze zur Emissionsminderung im Fuhrpark" aufgeführt. Im Folgenden werden die generellen Phasen der Szenarioanalyse an den zu erstellenden Systemszenarien ausgerichtet.

5.2.1 Business As Usual

Die Strategie des Fuhrparkmanagements, die im „Business As Usual"-Szenario untersucht werden soll, ist die des Nicht-Handelns bzw. des Wartens. Als wesentliche exogene Einflussfaktoren werden auf der Basis der Erarbeitungen in Kapitel 3 die Leasingkosten, der CO_2-Ausstoß und der Kraftstoffverbrauch konventioneller Dieselfahrzeuge sowie der Dieselpreis identifiziert. Im Sinne des STEEP-Modells sind die Schüsselfaktoren in Abbildung 28 den einzelnen Sektoren zugeordnet.

STEEP-Sektor	Technology	Economy	Ecology
Schlüsselfaktor	CO_2-Ausstoß / Kraftstoffverbrauch konventioneller Dieselfahrzeuge	Leasingkosten konventioneller Dieselfahrzeuge	Dieselpreis

Abbildung 28: Schlüsselfaktoren „Business As Usual"
Quelle: Eigene Darstellung.

Das Ziel Kostenminimierung kann im Wesentlichen durch die beiden größten Kostenpositionen des Fuhrparks, Leasing- und Kraftstoffkosten, beeinflusst werden.[286] Das Ziel, die CO_2-Emissionen des Fuhrparks zu senken, wird in diesem Szenario ausschließlich durch den CO_2-Ausstoß der Fahrzeuge bestimmt. Die Mobilität der Mitarbeiter wird durch die „Business As Usual"-Strategie weiterhin ohne Einschränkungen gewähr-

---
[284] Siehe auch 4.2.5.2 „Schlüsselfaktor-Identifikation".
[285] Siehe auch 2.2.1 „Aufgaben und Ziele".
[286] Siehe auch 5.1.1.3 „Kosten".

leistet.

Die Leasingraten richten sich im „Business As Usual"-Szenario nach dem Wert der Fahrzeuge und nach den Finanzierungskosten und können somit dem Sektor „Economy" zugeordnet werden. Die Kraftstoffkosten werden zum einen durch den Kraftstoffverbrauch der Fahrzeuge und zum anderen durch den Dieselpreis beeinflusst.

Der Kraftstoffverbrauch und der CO_2-Ausstoß der Fahrzeuge sind vom technischen Fortschritt in der Automobilindustrie abhängig und fallen somit in den STEEP-Sektor „Technology". Der Dieselpreis wurde nicht dem Bereich „Economy" zugeordnet, sondern zur Kategorie „Ecology" gezählt, da angenommen wird, dass sich im Preisanstieg der letzten Jahre vor allem die Verknappung von Rohöl als Umweltressource widerspiegelt.[287]

Über die identifizierten Schlüsselfaktoren hinaus hätte das Fahrverhalten der Dienstwagenfahrer als Schlüsselfaktor des „Society"-Sektors ausgewählt werden können. Allerdings wird angenommen, dass die Dienstwagenfahrer ohne eine Maßnahme durch das Fuhrparkmanagement ihren Spritverbrauch nicht senken werden. Auch aus dem Sektor „Politics" wurde kein Schlüsselfaktor ausgewählt. Diese Entscheidung beruht auf der Annahme, dass die nächsten politischen Sanktionierungen frühestens bei CO_2-Grenzwertüberschreitungen ab 2015 durch die EU erfolgen werden.[288]

5.2.2 Eco Car

Im Szenario „Eco Car" setzt das Fuhrparkmanagement des mittelständischen Dienstleistungsunternehmens auf die Einführung von Dieselfahrzeugen mit Umweltlabel. Auf der Basis der Informationen in den Kapiteln 2 und 3 werden vier primäre mögliche Faktoren identifiziert, welche diese Strategie zukünftig beeinflussen könnten: die Bereitschaft der Dienstwagenfahrer für die Auswahl von Dieselfahrzeugen mit Umweltlabel sowie der CO_2-Ausstoß, der Kraftstoffverbrauch und die Leasingkosten solcher Fahrzeuge. In der Abbildung 29 sind die Schlüsselfaktoren zusammengefasst und den STEEP-Sektoren zugeordnet.

---

[287] Siehe auch Abbildung 3.
[288] Siehe auch 3.1.1 „Umweltlabel".

STEEP-Sektor	Society	Technology	Economy	Ecology
Schlüsselfaktor	Bereitschaft der Dienstwagenfahrer für Umweltlabel	CO_2-Ausstoß / Kraftstoffverbrauch Umweltlabel	Leasingkosten Umweltlabel	Dieselpreis

Abbildung 29: Schlüsselfaktoren „Eco Car"
Quelle: Eigene Darstellung.

Was den Einfluss der Schlüsselfaktoren auf die einzelnen Ziele des ökologischen Fuhrparkmanagements betrifft, können die zum „Business As Usual"-Szenario getroffenen Aussagen über die Sektoren „Technology", „Economy" und „Ecology" übernommen werden.

Neben der Verwendung von Fahrzeugen mit Umweltlabel anstatt konventioneller Fahrzeuge ist bei diesem Szenario im Vergleich zum „Business As Usual"-Szenario eine weitere Besonderheit zu beachten: Es muss, wie in Kapitel 2 beschrieben, die Bereitschaft der Dienstwagenfahrer berücksichtigt werden, da diese grundsätzlich nicht gezwungen werden können, zukünftig anstatt eines konventionellen Dieselfahrzeugs eines mit Umweltlabel zu fahren.[289] Die Poolfahrzeuge und die ebenfalls konventionellen Dieselfahrzeuge der Kundendiensttechniker können allerdings, ohne auf jegliche Bereitschaft angewiesen zu sein, von den Fuhrparkverantwortlichen gegen Fahrzeuge mit Umweltlabel ausgetauscht werden, sobald die jeweiligen Leasingverträge abgelaufen sind. Der Grund dafür liegt darin, dass das Fuhrparkmanagement diese Fahrzeugmodelle selbst bestimmen kann.[290]

Grundsätzlich gilt bei diesem Schlüsselfaktor des „Society"-Sektors: Je höher die Bereitschaft der Dienstwagenfahrer für die Auswahl von Fahrzeugen mit Umweltlabel ist, desto mehr können die Kraftstoffkosten ebenso wie die CO_2-Emissionen gesenkt werden. Allerdings steigen auch die Leasingkosten mit einer höheren Bereitschaft für die etwas teureren Dienstwagen.

5.2.3 E-Mobility

Mithilfe des Szenarios „E-Mobility" soll herausgefunden werden, welche Schlüsselfaktoren zukünftig für die Verwendung von Elektroautos in Hinblick auf die Erfüllung der Ziele des ökologischen Fuhrparkmanagements im Praxisbeispiel relevant sein könnten.

---

[289] Siehe auch 2.2 „Ökologisches Fuhrparkmanagement".
[290] Siehe auch 5.1.1.1 „Dienstwagenordnung".

Auf der Grundlage der Recherche-Ergebnisse in Kapitel 3 wurden die in der Abbildung 30 dargestellten Schlüsselfaktoren identifiziert.[291]

STEEP-Sektor	Technology	Economy	Ecology	Politics
Schlüsselfaktor	CO_2-Ausstoß Elektroautos	Leasingkosten Elektroautos & Infrastruktur	Kosten für Ökostrom	Zuschuss zu den Leasingkosten

Abbildung 30: Schlüsselfaktoren „E-Mobility"
Quelle: Eigene Darstellung.

Die Verwendung von Elektroautos, deren Strom aus regenerativen Energiequellen gewonnen wird, stellt für Fuhrparkverantwortliche einen wesentlichen Hebel dar, um die CO_2-Emissionen des Fuhrparks zukünftig zu senken. Auf der anderen Seite würden neben den höheren Leasingkosten für derartige Dienstwagen ebenso zusätzliche monatliche Kosten pro Fahrzeug durch die Miete einer Ladesäule entstehen. Diese Annahme wird getroffen, da das öffentliche Stromtankstellennetz bisher noch nicht engmaschig genug ist. Der Kraftstoff für Elektroautos ist Strom aus regenerativen Energiequellen, daher werden die Kraftstoffkosten der im Fuhrpark verwendeten Elektroautos maßgeblich von den Kosten für Ökostrom beeinflusst.

Das Ziel der Gewährleistung der Mobilität der Mitarbeiter spielt im Szenario „E-Mobility" eine wesentliche Rolle. Angenommen, jeder Dienstwagenfahrer fährt an den durchschnittlich rund 250 Arbeitstagen[292] im Jahr jeden Tag dieselbe Anzahl an Kilometern. Da Elektrofahrzeuge derzeit nur eine Reichweite von rund 100 Kilometer haben, kommen sie lediglich für diejenigen Mitarbeiter in Frage, die maximal 25.000 Kilometer im Jahr fahren. Im Praxisbeispiel trifft dies vor allem auf die Kundendiensttechniker zu. Die Dienstwagengruppe „KDT" mit Elektrofahrzeugen auszustatten hätte zudem den Vorteil, dass die Fuhrparkverantwortlichen nicht auf deren Bereitschaft angewiesen wären, da sie ohne Mitspracherecht der Mitarbeiter die Fahrzeugmodelle festlegen könnten. Um die Mobilität aller Kundendiensttechniker zu gewährleisten, legt sich das Fuhrparkmanagement auf die konservative Obergrenze von 22.000 Kilometer pro Jahr fest. Das heißt: Die 20 Kundendiensttechniker mit einer höheren jährlichen Kilometerleistung erhalten weiterhin konventionelle Dieselfahrzeuge und die 25, welche um die 22.000 Kilometer oder weniger fahren, erhalten Elektroautos als Dienst-

---

[291] Siehe auch Kapitel 3.1.2.2 „Elektromobilität".
[292] 5-Tage-Woche: von Montag bis Freitag.

wagen, sobald die Leasingverträge der vorherigen Dienstwagen ausgelaufen sind.[293]

Im Unterschied zu den bisherigen Szenarien, wird ein möglicher Schlüsselfaktor des STEEP-Sektors „Politics" identifiziert. Als Beispiel wurde ein finanzieller Zuschuss angenommen, der die mit der Elektromobilität verbundenen höheren Leasingkosten zukünftig senken könnte. Als Begründung für die politische Förderung könnte das Interesse genannt werden, das im „Entwicklungsplan Elektromobilität" gesetzte Ziel von einer Million in Deutschland zugelassener Elektrofahrzeuge bis 2020 zu erreichen.[294]

5.2.4 Eco Driver

Nachdem die Bereitschaft der Dienstwagenfahrer an einigen Stellen der anderen Szenarien von eher geringer Bedeutung war, steht sie im Szenario „Eco Driver" im Mittelpunkt. Untersucht werden soll, inwieweit die Durchführung von Eco-Fahrtrainings die Aufgaben und Ziele des ökologischen Fuhrparkmanagements zukünftig beeinflussen könnte. Neben der Bereitschaft der Dienstwagenfahrer sind weitere Schlüsselfaktoren maßgeblich für den Erfolg dieses Ansatzes, die in Abbildung 31 dargestellt sind.

STEEP-Sektor	Society	Society	Economy	Politics
Schlüsselfaktor	Kraftstoffeinsparung durch Anpassung des Fahrverhaltens	Bereitschaft zur Teilnahme an Eco-Fahrtraining und zur Kraftstoffeinsparung	Mit den Eco-Fahrtrainings verbundene Kosten	Finanzielle Beteiligung an den Teilnahmegebühren

Abbildung 31: Schlüsselfaktoren „Eco Driver"
Quelle: Eigene Darstellung.

Die Schlüsselfaktoren des Sektors „Society" beeinflussen beide die Höhe der möglichen zukünftigen Kraftstoffeinsparungen. Für diejenigen Dienstwagenfahrer, die bereit sind, einmal im Jahr an einem Eco-Fahrtraining teilzunehmen, wird angenommen, dass sie ihren Kraftstoffverbrauch zukünftig dauerhaft senken werden.

Je mehr Dienstwagenfahrer an einem Eco-Fahrtraining teilnehmen, desto höher sind die Kosten des Fuhrparks. Dazu zählen nicht nur die Teilnahmegebühren, sondern auch die An- und Abreisekosten, Spesen und gegebenenfalls Übernachtungskosten. Um nicht

---

[293] Vgl. E-Mobility.xls, Tabelle „Annahmen".
[294] Siehe auch 3.1.2.2 „Elektromobilität".

zusätzlich Opportunitätskosten zu verursachen, sollen die Eco-Fahrtrainings außerhalb der Arbeitszeit stattfinden.

Wie auch im „E-Mobility"-Szenario wird angenommen, dass politische Institutionen zukünftig Interesse daran haben könnten, sich finanziell an den Kosten für die Eco-Fahrtrainings zu beteiligen, da somit Ressourcen geschont und Emissionen gesenkt werden könnten.

5.3 Schlüsselfaktor-Analyse und Szenario-Generierung

Da sich die Bestimmung der Ausprägungen im Praxisbeispiel an der Methode zur Szenario-Generierung orientiert, scheint es für die Zwecke des Fuhrparkmanagements sinnvoll zu sein, die Phasen „Schlüsselfaktor-Analyse" und „Szenario-Generierung" zusammenzufassen.

Im Rahmen der Schlüsselfaktor-Analyse sollen die identifizierten Schlüsselfaktoren dahingehend untersucht werden, welche künftigen Ausprägungen denkbar sind.[295] Die Vorgehensweise entspricht grundsätzlich der in der Phase der Schlüsselfaktor-Identifikation, das heißt die Schlüsselfaktoren werden auf der Basis der Recherche-Ergebnisse des dritten Kapitels analysiert.

Bei der Vielzahl der Schlüsselfaktoren kann es allerdings vorkommen, dass im Rahmen der Recherche keine Informationen zu deren bisheriger Entwicklung gefunden werden. Ähnlich wie bei der Erstellung von Prognosen fällt es vor diesem Hintergrund schwer, eine Aussage über die möglichen zukünftigen Entwicklungen der Schlüsselfaktoren zu treffen. In diesen Fällen wurde die Recherche mit einer Experten-Befragung kombiniert, das heißt es wurden Annahmen in Zusammenarbeit mit dem Abteilungsleiter des Fuhrparkmanagements im Praxisbeispiel getroffen. Da lediglich ein Experte befragt wurde, beruhen diese Annahmen eher auf subjektiven Einschätzungen als auf theoretisch fundiertem Wissen.

Das Fuhrparkmanagement im Praxisbeispiel verfolgt das Ziel, Systemszenarien zu erstellen.[296] Aus diesem Grund kommt als Szenario-Generierungs-Methode die morphologische Analyse in Frage, deren explizierter Vorteil im Gegensatz zur Konsistenzana-

---

[295] Siehe auch 4.2.5.3 „Schlüsselfaktor-Analyse".
[296] Siehe auch 5.1.2 „Problemstellung des Fuhrparkmanagements".

lyse die Erstellung derartiger Szenarien ist.[297] Nach dem Schema für Systemszenarien sollen mithilfe der morphologischen Analyse vier Gestaltungsfeld-Szenarien jeweils mit den beiden Umwelt-Szenarien „Worst Case" und „Best Case" kombiniert werden.[298]

Aufgrund der Verknüpfung des Schemas für Systemszenarien mit der morphologischen Analyse, kann für die Schlüsselfaktor-Analyse abgeleitet werden, dass je Schlüsselfaktor zwei Ausprägungen bestimmt werden müssen. Die aus Unternehmenssicht negative Ausprägung eines Schlüsselfaktors würde demnach der Generierung eines „Worst Case"-Szenarios dienen, und die positive Ausprägung würde entsprechend Teil eines „Best Case"-Szenarios sein. Im Folgenden werden die identifizierten Schlüsselfaktoren analysiert und daraus Szenarien gebildet.

5.3.1 Business As Usual

Für den CO_2-Ausstoß bzw. den Kraftstoffverbrauch konventioneller Dieselfahrzeuge wird in den „Business As Usual"-Szenarien angenommen, dass die Automobilindustrie in 2010 bestenfalls eine Minderung im Vergleich zu 2009 in Höhe von 2 Prozent erzielen kann. Im „Worst Case"-Szenario wird für 2010 keine Veränderung im Vergleich zu 2009 angenommen. Die geringen Veränderungen der CO_2-Emissionen bzw. des Kraftstoffverbrauchs konventioneller Dieselfahrzeuge wurden in etwa an denen von 2005 bis 2007 angelehnt.[299] Die Annahmen für die restlichen Jahre des Szenario-Zeitraums können neben anderen der Abbildung 32 entnommen werden.

---

[297] Siehe auch 4.2.5.4 „Szenario-Generierung".
[298] Siehe auch 4.2.5.2 „Schlüsselfaktor-Identifikation".
[299] Vgl. Heymann, E., Zähres, M. (2009), S. 6 f.

STEEP-Sektor	Technology	Economy	Ecology	Szenario
Schlüsselfaktor	CO_2-Ausstoß / Kraftstoffverbrauch konventioneller Dieselfahrzeuge	Leasingkosten konventioneller Dieselfahrzeuge	Dieselpreis	
Jahr	Veränderung im Vergleich zum Basisjahr (2009)			
2010	-2,0 %	-3,0 %	3,0 %	Best Case
2011	-5,0 %	-7,0 %	5,0 %	Best Case
2012	-7,5 %	-10,0 %	9,0 %	Best Case
2013	-10,0 %	-12,0 %	14,0 %	Best Case
2010	-0,0 %	-0,0 %	12,0 %	Worst Case
2011	-2,0 %	-3,0 %	20,0 %	Worst Case
2012	-4,0 %	-5,0 %	29,0 %	Worst Case
2013	-5,0 %	-6,5 %	42,0 %	Worst Case
Quellen für die Schlüsselfaktor-Analyse	Heymann, E., Zahres, M. (2009), S. 6-7.	Eigene Überlegungen, Fuhrparkmanagement	BMWI (2009), Tabelle „26".	

Abbildung 32: Morphologische Analyse „Business As Usual"
Quelle: Eigene Darstellung. Vgl. Business As Usual.xls, Tabelle „Annahmen".

Die Angaben zu den zukünftigen Veränderungen der Leasingkosten konventioneller Dieselfahrzeuge im Zeitraum von 2010 bis 2013 basieren auf eigenen Überlegungen und auf der Experten-Befragung. Für die zukünftige Entwicklung des Dieselpreises wurde die Annahme getroffen, dass sie bestenfalls in etwa wie im Zeitraum von 2001 bis 2004 und im „Worst Case" nahezu wie von 2004 bis 2008 verlaufen wird.[300]

Bei den „Business As Usual"-Szenarien ist zu beachten, dass die Schlüsselfaktoren der Sektoren „Technology" und „Economy" zu jedem Zeitpunkt auf das Szenariofeld einwirken, an dem ein bestehender Leasingvertrag ausläuft. Bis zu diesem Zeitpunkt werden lediglich die Kraftstoffkosten eines Fahrzeugs durch den Schlüsselfaktor „Dieselpreis" beeinflusst. Ist ein neuer Leasingvertrag abgeschlossen, so wirken sich der CO_2-Ausstoß bzw. der Kraftstoffverbrauch des neuen konventionellen Dieselfahrzeugs in Kombination mit der Veränderung des Dieselpreises auf die Kraftstoffkosten des Fuhrparks aus. Das nachfolgende Beispiel soll diesen Doppeleffekt verdeutlichen:

Angenommen ein konventionelles Dieselfahrzeug hatte im Jahr 2009 Kraftstoffkosten in Höhe von 1.500 Euro. Nachdem in 2010 der Leasingvertrag erneuert wurde und der Dienstwagenfahrer ein neues konventionelles Dieselfahrzeug erhalten hatte, sollen die möglichen zukünftigen Kraftstoffkosten im „Best Case"-Szenario für 2011 berechnet werden. Diese werden zum einen durch den um 2 Prozent geringeren Kraftstoffver-

---
[300] Vgl. BMWI (2009), Tabelle „26".

brauch des neuen Fahrzeugs verringert und zum anderen durch den um 3 Prozent angestiegenen Dieselpreis erhöht. Mithilfe der nachstehenden Formel wurde im Rahmen des Praxisbeispiels die prozentuale Veränderung der Kraftstoffkosten durch die kombinierte Wirkung beider Schlüsselfaktoren im Vergleich zum Basisjahr 2009 berechnet:

$$x_2 = x_1 + [x_1 \times ((1+y) \times (1+z) - 1)]$$

x_2: Kraftstoffkosten des neuen konventionellen Dieselfahrzeugs im Jahr 2011 [Euro].
x_1: Kraftstoffkosten des vorherigen konventionellen Dieselfahrzeugs im Basisjahr 2009 [Euro].
y: Veränderung des CO_2-Ausstoßes/Kraftstoffverbrauchs konventioneller Dieselfahrzeuge im Vergleich zum Basisjahr 2009 [%].
z: Veränderung des Dieselpreises im Vergleich zum Basisjahr 2009 [%].

In Bezug auf das Beispiel ergeben sich für das Fahrzeug in 2011 Kraftstoffkosten in Höhe von 1.514,10 Euro.

5.3.2 Eco Car

Die angenommenen Ausprägungen der Schlüsselfaktoren im Szenario „Eco Car" unterscheiden sich von denen des „Business As Usual"-Szenarios insofern, als dass die prozentualen Veränderungen der CO_2-Emissionen bzw. des Kraftstoffverbrauchs deutlich geringer ausfallen und steigende anstatt fallende Leasingkosten angenommen werden. Der Grund dafür liegt in der Verwendung von Fahrzeugen mit Umweltlabel anstatt konventioneller Dieselfahrzeuge.[301] Wie in der Abbildung 33 zu sehen ist, wurden die möglichen zukünftigen Ausprägungen des Dieselpreises aus dem „Business As Usual"-Szenario übernommen.

---

[301] Siehe auch 3.1.1 „Umweltlabel".

STEEP-Sektor	Society	Technology	Economy	Ecology	
Schlüsselfaktor	Bereitschaft der Dienstwagenfahrer für Umweltlabel	CO$_2$-Ausstoß / Kraftstoffverbrauch Umweltlabel	Leasingkosten Umweltlabel	Dieselpreis	**Szenario**
Jahr		Veränderung in Vergleich zum Basisjahr (2009)			
2010	78,75 %	-20,0 %	3,0 %	3,0 %	Best Case
2011		-29,0 %	5,0 %	5,0 %	
2012		-35,0 %	6,0 %	9,0 %	
2013		-40,0 %	5,0 %	14,0 %	
2010	43,75 %	-8,0 %	3,0 %	12,0 %	Worst Case
2011		-15,0 %	6,0 %	20,0 %	
2012		-20,0 %	9,0 %	29,0 %	
2013		-22,0 %	12,0 %	42,0 %	
Quellen für die Schlüsselfaktor-Analyse	Befragung der Dienstwagenfahrer (Frage 7)	Zimmer, W., Fritsche, U. (2008), S. 14.	Kittler, E., Boblenz, H. (2008), S. 20.	BMWI (2009), Tabelle „26".	

Abbildung 33: Morphologische Analyse „Eco Car"
Quelle: Eigene Darstellung. Vgl. Eco Car.xls, Tabelle „Annahmen".

Um die Bereitschaft der Dienstwagenfahrer zu quantifizieren, wurde im Zeitraum vom 08.12.2009 bis zum 12.01.2010 jeder der 373 Dienstwagenfahrer des mittelständischen Dienstleistungsunternehmens via Intranet befragt. Bei der Befragung gaben rund 87,5[302] Prozent der 176[303] Teilnehmer, welche ihr Dienstfahrzeug selbst bestimmen können, an, dass sie sich als nächsten Firmenwagen ein Fahrzeug mit Umweltlabel vorstellen könnten. Um das Szenario konservativ zu gestalten, wird die Bereitschaft im „Best Case"-Szenario um 10 Prozent und im „Worst Case"-Szenario um 50 Prozent reduziert. Darüber hinaus wird angenommen, dass die Bereitschaft im Zeitraum von Anfang 2010 bis Ende 2013 unverändert bleibt.[304]

Die Höhe der Bereitschaft der Dienstwagenfahrer zur Auswahl eines Fahrzeugs mit Umweltlabel hat sowohl Auswirkungen auf die CO$_2$-Emissionen als auch auf die Leasing- und Kraftstoffkosten des Fuhrparks. Auf welche Weise der Schlüsselfaktor auf die anderen Schlüsselfaktoren einwirkt, soll das folgende Beispiel anhand der Leasingkosten verdeutlichen:

Angenommen, ein Dienstwagenfahrer erhält in 2010 einen neuen Dienstwagen, den er sich laut Befragung bereits im Voraus vorstellen konnte. Ob das Fahrzeug dieses

---

[302] Das Befragungsergebnis ist signifikant (Signifikanz = 0,000 < α = 0,05), vgl. SPSS - Frage 7.pdf.
[303] 185 Befragungsteilnehmer, reduziert um die 9 Antworten der Kundendiensttechniker, da diese ihren Dienstwagen nicht selbst bestimmen können. Siehe auch Befragungsergebnisse.xls, Tabelle „Darstellung", Zellen „J219" u. „F219".
[304] Weitere Informationen zur Befragung sind im Anhang enthalten.

Mitarbeiters wieder ein konventionelles Dieselfahrzeug oder ein Fahrzeug mit Umweltlabel ist, kann mithilfe der Befragungsergebnisse nicht beantwortet werden, da die Befragung anonym stattgefunden hat. Daher wurde im Praxisbeispiel für die Berechnung der Leasingkosten eine Mischkalkulation mithilfe der folgenden Formel durchgeführt:

$$x_2 = x_1 + [x_1 \times (y \times (1-u) + z \times u)]$$

x_2: Mischung aus den Leasingkosten eines konventionellen Dieselfahrzeugs und denen eines Dieselfahrzeugs mit Umweltlabel [Euro].
x_1: Leasingkosten des vorherigen konventionellen Dieselfahrzeugs im Basisjahr 2009 [Euro].
y: Veränderung der Leasingkosten konventioneller Dieselfahrzeuge [%] (Schlüsselfaktor im „Business As Usual"-Szenario).
u: Bereitschaft der Dienstwagenfahrer, Fahrzeuge mit Umweltlabel zu wählen [%].
z: Veränderung der Leasingkosten von Fahrzeugen mit Umweltlabel im Vergleich zum Basisjahr 2009 [%].

Lagen die jährlichen Leasingkosten des vorherigen Fahrzeugs zum Beispiel in 2009 bei 6.000 Euro, so würden sie im „Best Case"-Szenario in 2012 bei 6.156,00 Euro liegen.

5.3.3 E-Mobility

Im Hinblick auf die Aufgaben und Ziele des ökologischen Fuhrparkmanagements wirkt die Ausstattung der Kundendiensttechniker mit einer jährlichen Kilometerleistung von weniger als 22.000 in zwei Richtungen: Die CO_2-Emissionen der Fahrzeuge werden im Vergleich zum Basisjahr 2009 um 100 Prozent gesenkt, und die Leasingkosten steigen im Vergleich zu den anderen Szenarien stark an. Die angenommenen möglichen zukünftigen Ausprägungen der Schlüsselfaktoren im „E-Mobility"-Szenario sind in der Abbildung 34 zusammengefasst.

STEEP-Sektor	Technology	Economy	Ecology	Politics	
Schlüsselfaktor	CO_2-Ausstoß Elektroautos	Leasingkosten Elektroautos & Infrastruktur	Kosten für Ökostrom	Zuschuss zu den Leasingkosten	Szenario
Schlüsselfaktor-Ausprägungen / Jahr	Veränderung in Vergleich zum Basisjahr (2009)	Jährliche Leasingkosten Elektroautos (Beispiel RWE)	Preis pro kWh (Beispiel RWE)	Zuschuss zu den jährlichen Leasingkosten	
2010	-100,0 %	10.788,00 €	- €	1.000,00 €	Best Case
2011		14.982,00 €	0,11 €		
2012		19.176,00 €	0,22 €		
2013		19.176,00 €	0,22 €		
2010		10.788,00 €	- €	Keine Förderung	Worst Case
2011		14.982,00 €	0,11 €		
2012		19.176,00 €	0,22 €		
2013		19.176,00 €	0,22 €		
Quellen für die Schlüsselfaktor-Analyse	Pehnt, M., Höpfner, U. (2007), S. 5.	RWE (2009), S. 5.	RWE (2009), S. 4f.	Eigene Überlegungen, Fuhrparkmanagement	

Abbildung 34: Morphologische Analyse „E-Mobility"
Quelle: Eigene Darstellung. Vgl. E-Mobility.xls, Tabelle „Annahmen".

Die mögliche zukünftige Entwicklung der Leasingkosten für Elektroautos basiert auf einem Angebot von RWE. Das darin per Leasing angebotene Elektroauto ist ein leichtes Nutzfahrzeug des Modells „Fiat Fiorino", ähnlich dem derzeitigen Modell „Renault Kangoo" der Kundendiensttechniker. Der starke Anstieg der Leasingkosten in 2011 und 2012 ist mit dem Wegfallen eines Einstiegsrabatts durch RWE zu erklären. Zuzüglich zu den Leasingkosten in Höhe von 899 Euro pro Monat bzw. 1.399 Euro pro Monat (ab dem 01.07.2011) muss nach dem Auslaufen der Rabattphase die Miete für die Ladesäule in Höhe von 199 Euro pro Monat gezahlt werden.[305]

Da neben dem Angebot von RWE keine weiteren Leasingangebote für Elektroautos gefunden wurden, basiert sowohl die mögliche zukünftige Entwicklung der Leasingkosten im „Best Case"- als auch im „Worst Case"-Szenario auf diesem Angebot.

Im Angebot enthalten ist ein Tarif für Strom, der zu 100 Prozent aus regenerativen Energien gewonnen wird. Er ist bis zum Ende der Rabattphase kostenlos und beträgt danach 0,22 Euro pro Kilowattstunden. Die Kraftstoffkosten richten sich nach der Batteriekapazität und der Reichweite der Fahrzeuge. Das Elektroauto im Angebot von RWE hat eine Batteriekapazität von 22 Kilowattstunden. Die Fahrt einer Strecke von 100 Kilometer würde zum Beispiel im Jahr 2012 rund 4,80 Euro kosten.

---

[305] Siehe auch E-Mobility.xls, Tabelle „Annahmen".

Als ein möglicher zukünftiger Zuschuss zu den jährlichen Leasingkosten durch eine politische Institution wird ein Betrag in Höhe von 1.000 Euro im „Best Case"-Szenario auf der Basis eigener Überlegungen und in Abstimmung mit dem Leiter der Abteilung Fuhrparkmanagement angenommen

5.3.4 Eco Driver

Die Recherche zum Thema Eco-Fahrtraining hat ergeben, dass mithilfe der Trainings Kraftstoffeinsparungen zwischen 5 und 15 Prozent erzielt werden können, sofern sie mindestens einmal im Jahr durchgeführt werden.[306] Um sowohl das „Best Case"- als auch das „Worst Case"-Szenario konservativ zu gestalten, werden gleichbleibende Kraftstoffeinsparungen im Vergleich zum Basisjahr in Höhe von 10 Prozent bzw. 5 Prozent angenommen. Die weiteren angenommenen möglichen zukünftigen Ausprägungen der vier im „Eco-Driver"-Szenario identifizierten Schlüsselfaktoren sind in der Abbildung 35 dargestellt.

STEEP-Sektor		Society	Society	Economy	Politics	
Schlüsselfaktor		Kraftstoffeinsparung durch Anpassung des Fahrverhaltens	Bereitschaft zur Teilnahme an Eco-Fahrtraining und zur Kraftstoffeinsparung	Mit den Eco-Fahrtrainings verbundene Kosten	Finanzielle Beteiligung an den Teilnahmegebühren	Szenario
Schlüsselfaktor-Ausprägungen	Jahr	Prozentuale Veränderungen des Kraftstoffverbrauchs/der CO$_2$-Emissionen im Vergleich zu 2009 (Basisjahr)	Prozentualer Anteil derjenigen Dienstwagenfahrer, die an einem Eco-Fahrtraining teilnehmen und zukünftig ihren Spritverbrauch senken	Kosten für die Teilnahme an einem Eco-Fahrtraining + Übernachtungskosten + Spesen + An- und Abreisekosten	Betrag, der von einer politischen Institution für die Teilnahme an einem Eco-Fahrtraining beigesteuert wird	
	2010	-10,0 %	48,1 %	197,00 €	20,00 €	Best Case
	2011					
	2012					
	2013					
	2010	-5,0 %	34,3 %	255,00 €	Keine Förderung	Worst Case
	2011					
	2012					
	2013					
Quellen für die Schlüsselfaktor-Analyse		Glück, G. (2007), www.iaa.de, S. 76; Eck, W. A. (2009), S. 28.	Befragung der Dienstwagenfahrer (Frage 10)	Brubach, D. (2007), S. 10; Eigene Überlegungen, Fuhrparkmanagement	Eigene Überlegungen, Fuhrparkmanagement	

Abbildung 35: Morphologische Analyse „Eco Driver"
Quelle: Eigene Darstellung. Vgl. Eco Driver.xls, Tabelle „Annahmen".

In der Frage 10 der Befragung der Dienstwagenfahrer wird deren Bereitschaft zur Teilnahme an einem Eco-Fahrtraining abgefragt. Insgesamt haben 185 der Befragten die Frage beantwortet, ob sie bereit sind, an einem solchen Training teilzunehmen. Davon

---

[306] Siehe auch 3.3.1 „Eco-Fahrtrainings".

wählen 127 die Antwortmöglichkeit „Stimme zu".[307] Aus diesem Grund wird angenommen, dass zukünftig grundsätzlich 68,7[308] Prozent aller Dienstwagenfahrer an einem Eco-Fahrtraining teilnehmen werden. Im nächsten Schritt stellt sich die Frage, wie hoch der Anteil der teilnehmenden Dienstwagenfahrer ist, der tatsächlich den Kraftstoffverbrauch reduziert. Im „Best Case"-Szenario wird angenommen, dass das auf 70 Prozent und im „Worst Case"-Szenario auf lediglich 50 Prozent der 127 Befragten zutrifft.[309]

Um für den Ansatz der Eco-Fahrtrainings zu geringe Kosten auszuschließen, wird angenommen, dass im „Best Case"-Szenario auf der Basis der „Stimme zu"-Antworten 68,7 Prozent aller Dienstwagenfahrer teilnehmen. Im „Worst Case"-Szenario werden die Antworten derjenigen Dienstwagenfahrer hinzugezählt, welche die Frage 10 der Befragung mit „Stimme eher zu" beantwortet haben und daher angenommen, dass insgesamt 86,49 Prozent aller Dienstwagenfahrer an den Eco-Fahrtrainings teilnehmen werden.[310]

In den Kosten sind pro Person 80 Euro Teilnahmegebühr, 125 Euro Übernachtungskosten, 25 Euro Spesen sowie An- und Abreisekosten in Höhe von 50 Euro pro Person enthalten.[311] Im „Best Case"-Szenario wurde angenommen, dass auf die Teilnahmegebühr ein Rabatt in Höhe von 10 Prozent ausgehandelt werden kann und eine politische Institution sich mit 20 Euro an der Teilnahmegebühr jedes Eco-Fahrtrainings beteiligt. Ferner unterscheiden sich die möglichen zukünftigen Ausprägungen der Kosten in den Annahmen darin, dass im „Best Case"-Szenario 40 Prozent der Teilnehmer und im „Worst Case" 80 Prozent der Teilnehmer eine Übernachtung in Anspruch nehmen werden.[312]

5.4 Szenario-Transfer

In der letzten Phase der Szenarioanalyse steht entsprechend der Windtunnel-Metapher die Frage im Mittelpunkt, wie sich die drei Policy-Szenarien im besten und im schlech-

---

[307] Vgl. Befragungsergebnisse.xls, Tabelle „Darstellung", Zelle „O354".
[308] Das Befragungsergebnis ist signifikant (Signifikanz = 0,000 < α = 0,05), vlg. SPSS - Frage 10.pdf.
[309] Vgl. Eco Driver.xls, Tabelle „Annahmen".
[310] Vgl. Befragungsergebnisse.xls, Tabelle „Darstellung", Zellen „O353" u. „O354".
[311] Das mittelständische Dienstleistungsunternehmen hat mehrere Niederlassungen in nahezu allen Bundesländern Deutschlands. Um die An- und Abfahrtskosten sowie die Übernachtungskosten möglichst gering zu halten, sollen die Fahrtrainings in folgenden Regionen und Städten stattfinden: Nord (Hamburg), Ost (Berlin), Süd (München) und West (Düsseldorf).
[312] Vgl. Eco Driver.xls, Tabelle „Annahmen".

testen Fall bewähren und inwieweit sie sich insbesondere im Vergleich zum Referenz-Szenario unterscheiden. Ebenso wie bei der Beschreibung der Ausgangssituation des Fuhrparks, sollen zunächst die möglichen zukünftigen Auswirkungen der Strategien im Hinblick auf die Fuhrparkkosten und die CO_2-Emissionen aufgezeigt werden. Anschließend werden die CO_2-Vermeidungskosten der drei Policy-Szenarien für den Szenariozeitraum miteinander verglichen.[313]

5.4.1 Fuhrparkkosten

Die mögliche zukünftige Entwicklung der mit den Strategien verbundenen Leasingkosten ist in Abbildung 36 dargestellt.

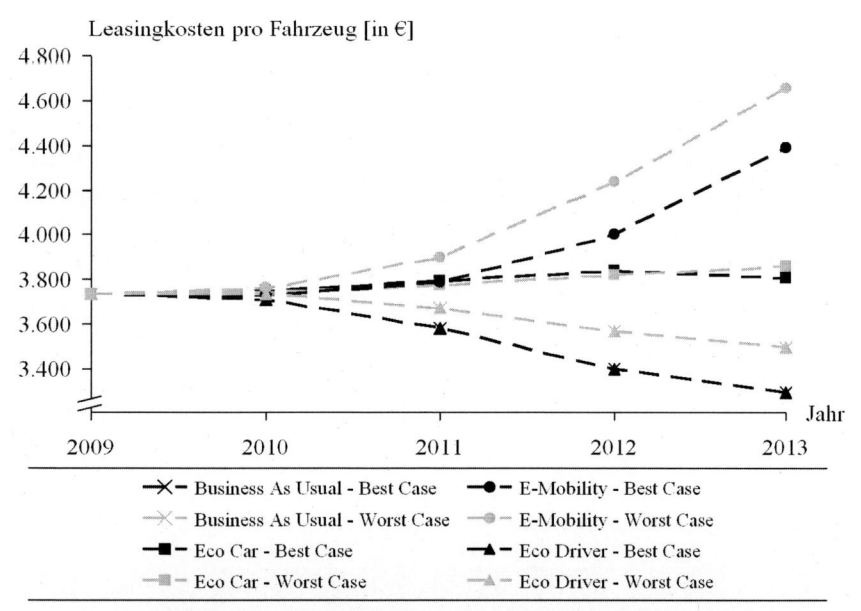

Abbildung 36: Szenario-Transfer: Leasingkosten pro Fahrzeug
Quelle: Eigene Darstellung. Vgl. Szenario-Transfer.xls, Tabelle „Zusammenfassung".

Der Vergleich der möglichen zukünftigen Leasingkosten verdeutlicht, dass mit der „E-Mobility"-Strategie trotz der geringen Anzahl an Elektroautos die höchsten Leasingkosten pro Fahrzeug verbunden sind. Die geringsten Leasingkosten pro Fahrzeug sind mit den Strategien „Business As Usual" und „Eco Driver" verbunden. Die Entwicklungen der Leasingkosten der Szenarien beider Strategien verlaufen identisch, da durch sie die Leasingkosten nicht beeinflusst werden.

In Bezug auf die „Eco Car"-Strategie erscheint an dem Ergebnis des Szenario-Transfers auffällig, dass die Leasingkosten im „Worst Case"-Szenario in 2011 und 2012 etwas

---
[313] Siehe auch 2.2.1 „Aufgaben und Ziele".

geringer sind als die im „Best Case"-Szenario. Der Grund dafür liegt darin, dass im „Worst Case"-Szenario eine geringe zukünftige Bereitschaft zur Auswahl eines Dieselfahrzeugs mit Umweltlabel als negative Entwicklung betrachtet wird. Eine geringe Bereitschaft ist im Hinblick auf die Kosten jedoch als positiv zu bewerten, da weniger der teuren Fahrzeuge mit Umweltlabel geleast werden.

In der Abbildung 37 werden die möglichen zukünftigen Entwicklungen der Kraftstoffkosten pro Fahrzeug veranschaulicht. Die Abbildung zeigt, dass mithilfe der „Eco Car"-Strategie die Kraftstoffkosten pro 100 Kilometer am ehesten gesenkt werden können.

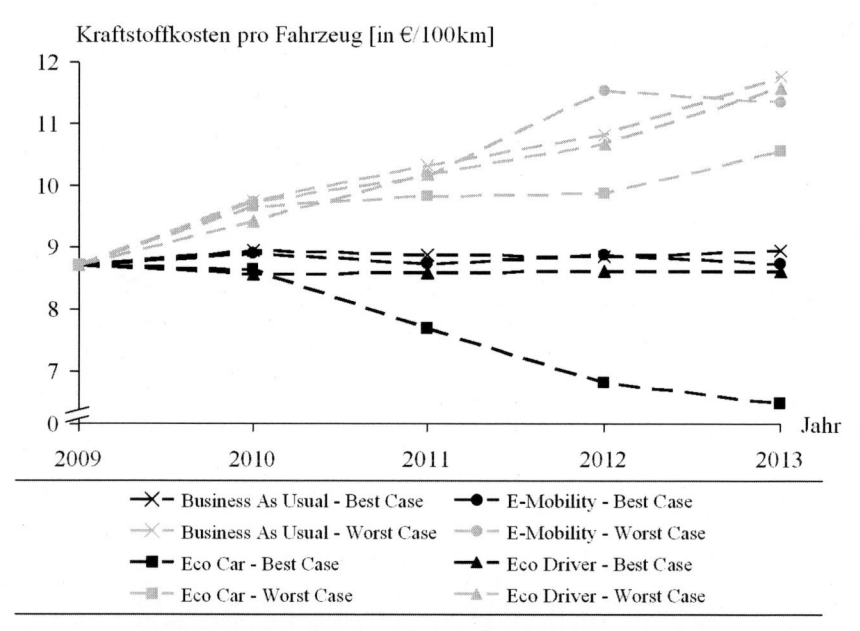

Abbildung 37: Szenario-Transfer: Kraftstoffkosten pro Fahrzeug
Quelle: Eigene Darstellung. Vgl. Szenario-Transfer.xls, Tabelle „Zusammenfassung".

Die Entwicklung der durchschnittlichen Kraftstoffkosten in den Szenarien verläuft relativ ähnlich. Allerdings zeigt sich bei der „E-Mobility"-Strategie im „Worst Case"-Szenario eine Besonderheit: Während die „E-Mobility"-Strategie in 2012 im Hinblick auf die Kraftstoffkosten noch kostenintensiver ist als die „Business As Usual"-Strategie und die Durchführung von Eco-Fahrtrainings, ist sie in 2013 die verhältnismäßig kostengünstigere Alternative. Als Ursache kann der starke Anstieg des Dieselpreises im Vergleich zu 2009 von 42 Prozent genannt werden.[314]

---

[314] Siehe auch 5.3.3 „E-Mobility".

Abschließend werden in der Abbildung 38 die möglichen zukünftigen Gesamtkosten des Fuhrparks dargestellt.[315] Sie bestehen aus den Leasing- und Kraftstoffkosten sowie den nicht näher betrachteten Kostenpositionen wie etwa Versicherung oder Wartung, die als zukünftig konstant angenommen werden.[316]

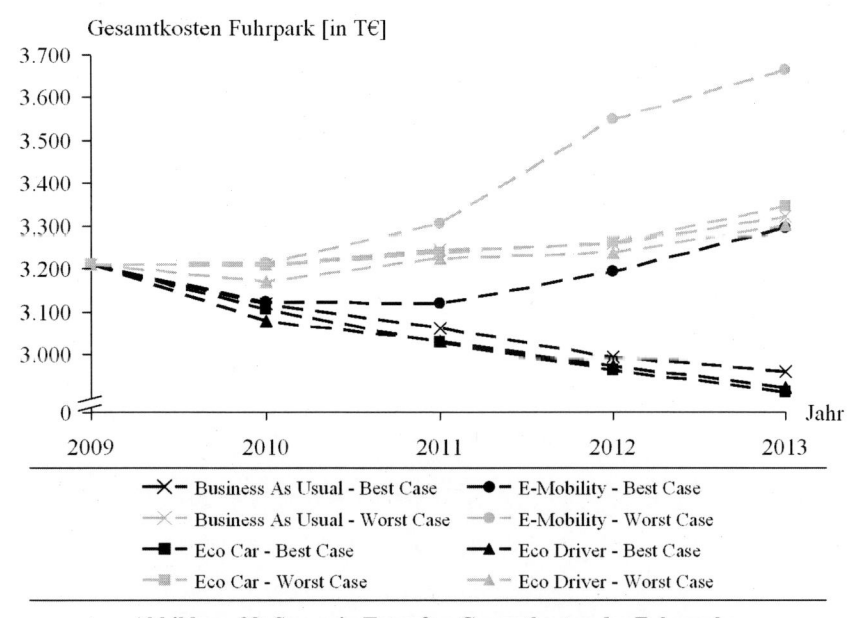

Abbildung 38: Szenario-Transfer: Gesamtkosten des Fuhrparks
Quelle: Eigene Darstellung. Vgl. Szenario-Transfer.xls, Tabelle „Zusammenfassung".

In der Abbildung 38 wird deutlich, dass sich die möglichen zukünftigen Gesamtkosten der Szenarien, mit Ausnahme der Kosten der „E-Mobility"-Strategie, in etwa gleich entwickeln. Die geringsten Gesamtkosten sind sowohl im besten wie auch im schlechtesten Fall mit der Durchführung der „Eco Driver"-Strategie verbunden.

5.4.2 CO_2-Emissionen

In allen drei Policy-Szenarien sind Strategien berücksichtigt, die das Ziel haben, die Emissionen im Fuhrpark des mittelständischen Dienstleistungsunternehmens zu senken. Dies zeigt sich auch in der Abbildung 39, in der die möglichen zukünftigen Entwicklungen der CO_2-Emissionen pro Fahrzeug dargestellt sind.

---

[315] Die Gesamtkosten des Fuhrparks wurden mithilfe des durchschnittlichen Fahrzeugbestands in 2009 berechnet. Vgl. Business As Usual.xls, Tabelle „Fuhrpark".
[316] Siehe auch 5.1.1.3 „Fuhrparkkosten".

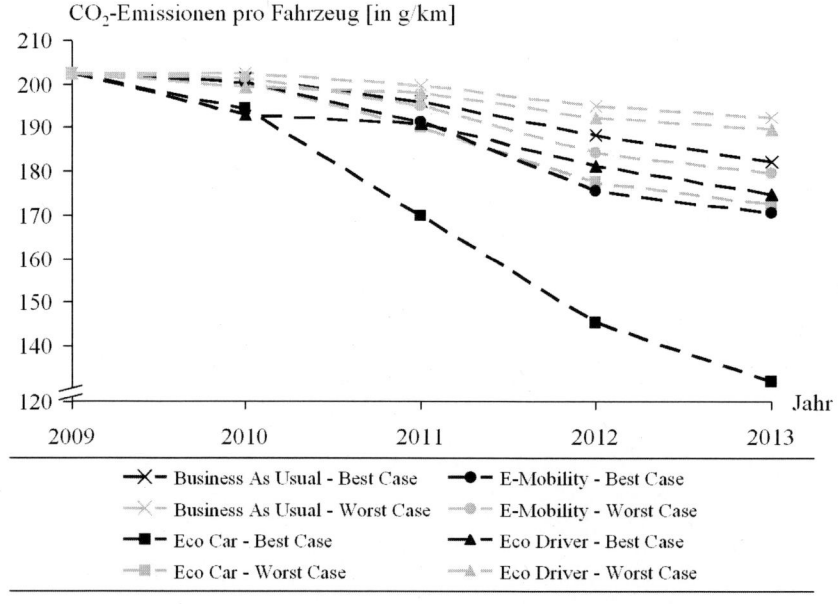

Abbildung 39: Szenario-Transfer: CO$_2$-Emissionen pro Fahrzeug
Quelle: Eigene Darstellung. Vgl. Szenario-Transfer.xls, Tabelle „Zusammenfassung".

In 2013 sind die durchschnittlichen CO$_2$-Emissionen pro Kilometer im „Best Case" der „Eco Car"-Strategie mit rund 132 Gramm pro Kilometer deutlich niedriger als in den anderen Szenarien. Selbst im positiven Extremszenario der „E-Mobility"-Strategie liegen die Fahrzeugemissionen mit circa 170 Gramm pro Kilometer rund 29 Prozent über dem niedrigsten Durchschnittswert. Allerdings muss bei diesem Vergleich bedacht werden, dass den „E-Mobility"-Szenarien lediglich die Substitution der konventionellen Dieselfahrzeuge von 25 Kundendiensttechnikern zugrunde liegen, wo hingegen in den „Eco Car"-Szenarien nahezu der gesamte Fahrzeugbestand durch kraftstoffsparende Dieselfahrzeuge ersetzt wird.[317]

5.4.3 CO$_2$-Vermeidungskosten

Eine weitere Information im Hinblick auf die Aufgaben und Ziele des ökologischen Fuhrparkmanagements bietet ein Vergleich der CO$_2$-Vermeidungskosten der drei Policy-Szenarien. Sie wurden im Rahmen des Praxisbeispiels mithilfe der folgenden Formel berechnet:[318]

---

[317] Vgl. E-Mobility.xls, Tabelle „Daten"; Szenario-Transfer.xls, Tabelle „Zusammenfassung".
[318] Vgl. Szenario-Transfer.xls, Tabelle „Zusammenfassung".

$$x = \frac{y - z}{u - v}$$

x: CO$_2$-Vermeidungskosten des Policy-Szenarios im Szenariozeitraum [Euro/t].
y: Summe der Fuhrparkkosten des Policy-Szenarios im Szenariozeitraum [Euro].
z: Summe der Fuhrparkkosten des Referenz-Szenarios im Szenariozeitraum [Euro].
u: Summe der CO$_2$-Emissionen des Referenz-Szenarios im Szenariozeitraum [t].
v: Summe der CO$_2$-Emissionen des Policy-Szenarios im Szenariozeitraum [t].

Die Berechnung der CO$_2$-Vermeidungskosten soll am Beispiel des „Best Case"-Szenarios der „Eco-Car"-Strategie verdeutlicht werden: Die Summe der Fuhrparkkosten im Zeitraum von 2010 bis 2013 betragen im „Eco-Car"-Szenario 12.004.316,40 Euro und im „Business As Usual"-Szenario 12.135.042,07 Euro. Die CO$_2$-Emissionen summieren sich entsprechend auf 6.510,32 Tonnen bzw. 7.724,37 Tonnen.[319] Daraus ergeben sich für das Beispiel CO$_2$-Vermeidungskosten in Höhe von -107,68 Euro, das heißt pro vermiedener Tonne CO$_2$ reduzieren sich die Kosten des Fuhrparks um rund 108 Euro. Der berechnete Wert ist wie die CO$_2$-Vermeidungskosten der anderen Policy-Szenarien in der Abbildung 40 dargestellt.

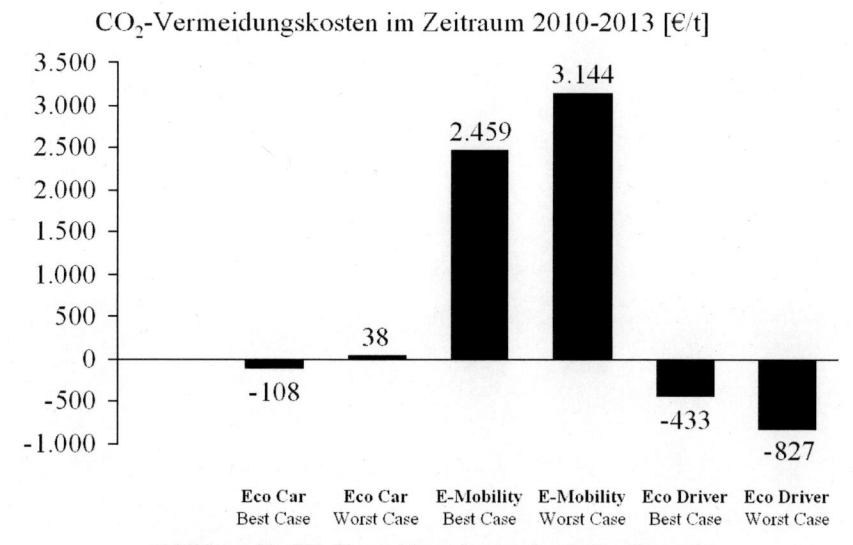

Abbildung 40: CO$_2$-Vermeidungskosten der Policy-Szenarien
Quelle: Eigene Darstellung. Vgl. Szenario-Transfer.xls, Tabelle „Zusammenfassung".

Die Einsparungen im negativen Extremszenario der „Eco Driver"-Strategie sind höher als im positiven Extremszenario, da im „Worst-Case"-Szenario ein stärker ansteigender Dieselpreis angenommen wurde.

---

[319] Die gesamten CO$_2$-Emissionen des Fuhrparks wurden mithilfe des durchschnittlichen Fahrzeugbestands in 2009 berechnet. Vgl. Business As Usual.xls, Tabelle „Fuhrpark".

5.5 Handlungsempfehlungen an das Fuhrparkmanagement

Das Fuhrparkmanagement möchte zukünftig im Sinne von CSR über ökonomische Ziele hinaus, auch ökologische Ziele verfolgen. Daher stellt sich die Frage, welche Strategien aus ökonomischer, ökologischer oder ökonomisch-ökologischer Sicht zu empfehlen sind, um die Kosten und die CO_2-Emissionen des Fuhrparks zu senken.

Aus ökonomischer Sicht wäre dem Fuhrparkmanagement die Umsetzung der „Eco Driver"-Strategie zu empfehlen. Die Gesamtkosten im Betrachtungszeitraum sind im Vergleich zur „Business As Usual"-Strategie im „Best Case"-Szenario rund 730 Tausend Euro und im „Worst Case"-Szenario rund 800 Tausend Euro geringer.[320]

Als ökologischste Strategie kann dem Fuhrparkmanagement die „Eco Car"-Strategie empfohlen werden. Die CO_2-Emissionen der Fahrzeuge sind im Betrachtungszeitraum im „Best Case"Szenario circa 1.210 Tonnen und im „Worst Case"-Szenario circa 420 Tonnen geringer als mit der „Business As Usual"-Strategie.[321]

Die ökonomisch-ökologischste Möglichkeit, die CO_2-Emissionen und gleichzeitig die Kosten des Fuhrparks zu senken, ist ebenfalls die Umsetzung der „Eco Driver"-Strategie. Die damit verbundenen Kosteneinsparungen im Betrachtungszeitraum liegen im „Best Case"-Szenario bei etwa 433 Euro und im „Worst Case"-Szenario bei etwa 827 Euro pro vermiedene Tonne CO_2.[322] Sie stellt demzufolge von allen Strategien am ehesten eine Strategie im Sinne von CSR dar, und wird den Fuhrparkverantwortlichen für die ökologische Neuausrichtung empfohlen.

5.6 Kritische Würdigung

Im Rahmen der Szenarioanalyse im Praxisbeispiel wurden zwei wesentlichen Nachteile der Szenarioanalyse deutlich: Zum einen, dass die Ergebnisse insbesondere von Subjektivität geprägt sind und zum anderen, dass der Prozess der Szenarioanalyse ressourcenintensiv ist.

Die Subjektivität der Ergebnisse der Szenarioanalyse ist vor allem mit der Vielzahl von Annahmen zu begründen, die in den ersten drei Phasen der Szenarioanalyse getroffen wurden. Daher besteht grundsätzlich das Risiko, dass die Ergebnisse nur eingeschränkt

---

[320] Vgl. Szenario-Transfer.xls, Tabelle „Zusammenfassung", Zellen „M51" und „M52".
[321] Ebd., Zellen „M60" und „M61".
[322] Ebd., Zellen „G75" und „G76".

nachvollziehbar sind. Dies gilt insbesondere für diejenigen Annahmen, welche intuitiv durch den befragten Experten getroffen wurden.

Um die Vielzahl von Annahmen festzulegen, war eine umfangreiche Recherche notwendig, die insbesondere zeitliche und personelle Ressourcen erforderte. In dieser Untersuchung wurden lediglich die gängigen Ansätze zur Emissionsminderung im Fuhrpark aus Sicht des ökologischen Fuhrparkmanagements beurteilt und beispielhaft drei Ansätze für die Szenarioanalyse ausgewählt. Die Integration weiterer Ansätze in die Szenarioanalyse wie etwa die Verwendung von Erdgasfahrzeugen oder die Nutzung von Carsharing hätte den notwendigen Aufwand um ein Vielfaches erhöht.

Die Vorteile der Szenarioanalyse, die im Rahmen des Praxisbeispiels von wesentlicher Bedeutung waren, sind die Explorationsfunktion und die Strategiebildungsfunktion.

Bei der Bestimmung der zahlreichen Annahmen wurden die am Prozess der Szenarioanalyse beteiligten Personen zum Nachdenken über strategische Optionen angeregt und dazu bewegt, eigene Annahmen zu hinterfragen und gegebenenfalls anzupassen.

Beispielsweise wurde die Bereitschaft der Dienstwagenfahrer zur Auswahl eines Dieselfahrzeugs mit Umweltlabel als Schlüsselfaktor identifiziert, jedoch angenommen, dass diese sehr gering ist. Um die Annahme zu begründen, musste die Bereitschaft der Dienstwagenfahrer mithilfe einer Befragung quantifiziert werden. Dabei hat sich entgegen der Annahme herausgestellt, dass die meisten Mitarbeiter sich als nächsten Dienstwagen ein Dieselfahrzeug mit Umweltlabel vorstellen könnten.[323]

Neben dem Vorteil der Explorationsfunktion der Szenarioanalyse konnte zudem aufgezeigt werden, dass die Szenarioanalyse zur Strategiebildung dienen kann. Die aus der Szenarioanalyse abgeleiteten Handlungsempfehlungen vermitteln den Fuhrparkverantwortlichen einen Eindruck davon, welche Auswirkungen mögliche zukünftige Strategien insbesondere auf die Kosten und die CO_2-Emissionen des Fuhrparks haben könnten und wie diese von äußeren Umwelteinflüssen bestimmt werden.[324]

Abschließend kann festgehalten werden, dass die Fuhrparkverantwortlichen aus den Ergebnissen der Szenarioanalyse Erkenntnisse gewinnen können, die sie im Rahmen der

---

[323] Siehe auch 5.3.4 „Eco Driver".
[324] Siehe auch 5.5 „Handlungsempfehlungen an das Fuhrparkmanagement".

strategischen Planung bei der Minderung der Emissionen im Fuhrpark unterstützen.

Anhang

Befragung der Dienstwagenfahrer zum „Umweltschutz im Fuhrpark"

14. Januar 2010

Daniel Dirks

Hintergrundinformationen zur Befragung

- Befragungszeitraum: Freitag,   18.12.2009 – 14:17 Uhr bis
                        Dienstag,   12.01.2010 – 12:00 Uhr
                        (24 Kalendertage, davon 16 Werktage)
- Art der Durchführung: Per firmeninternem Intranet mithilfe der Befragungssoftware „PHPSurveyor" Version 1.0
- Anzahl Befragter: 373
- Anzahl Teilnehmer: 191
- Rücklaufquote: 51,21 %

Anzahl der Befragten und Anzahl der Teilnehmer je Dienstwagengruppe

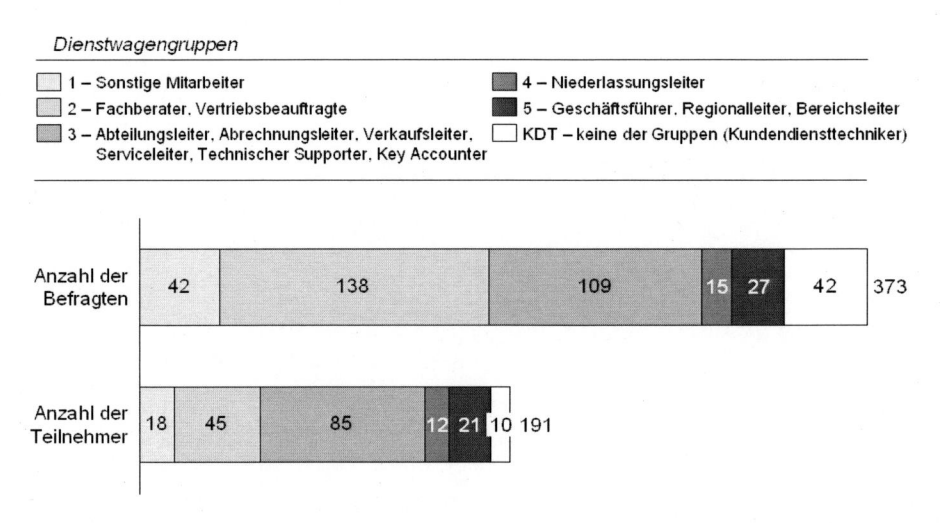

Dienstwagengruppen

- 1 – Sonstige Mitarbeiter
- 2 – Fachberater, Vertriebsbeauftragte
- 3 – Abteilungsleiter, Abrechnungsleiter, Verkaufsleiter, Serviceleiter, Technischer Supporter, Key Accounter
- 4 – Niederlassungsleiter
- 5 – Geschäftsführer, Regionalleiter, Bereichsleiter
- KDT – keine der Gruppen (Kundendiensttechniker)

	1	2	3	4	5	KDT	Gesamt
Anzahl der Befragten	42	138	109	15	27	42	373
Anzahl der Teilnehmer	18	45	85	12	21	10	191

Rückmeldungsquote in Prozent je Dienstwagengruppe

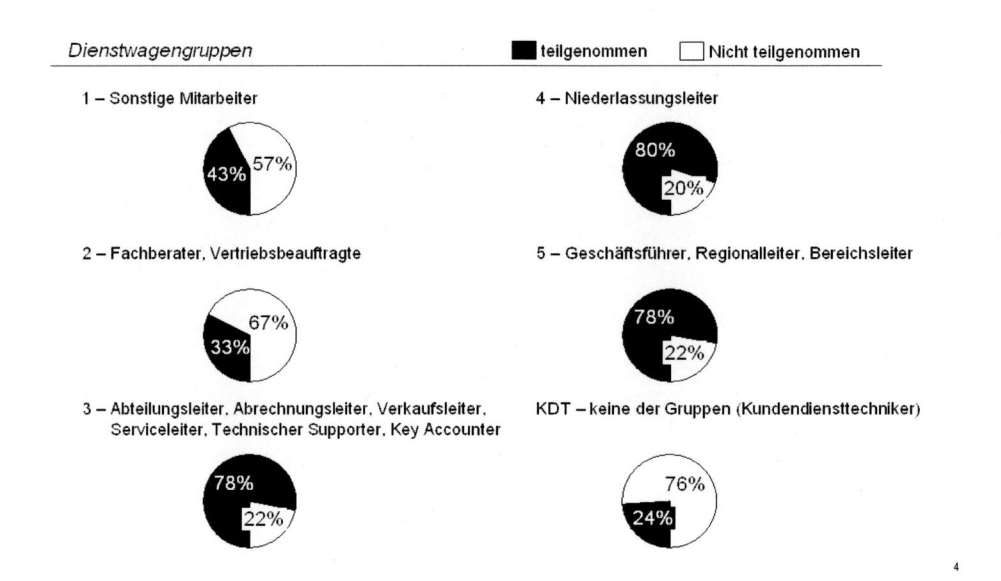

Dienstwagengruppen — teilgenommen / Nicht teilgenommen

1 – Sonstige Mitarbeiter: 43% / 57%

2 – Fachberater, Vertriebsbeauftragte: 33% / 67%

3 – Abteilungsleiter, Abrechnungsleiter, Verkaufsleiter, Serviceleiter, Technischer Supporter, Key Accounter: 78% / 22%

4 – Niederlassungsleiter: 80% / 20%

5 – Geschäftsführer, Regionalleiter, Bereichsleiter: 78% / 22%

KDT – keine der Gruppen (Kundendiensttechniker): 24% / 76%

Welches Fahrzeug könnten Sie sich als nächsten Firmenwagen vorstellen?

Frage 7 der Befragung (Mehrfachnennungen möglich)   **Alle Dienstwagengruppen**

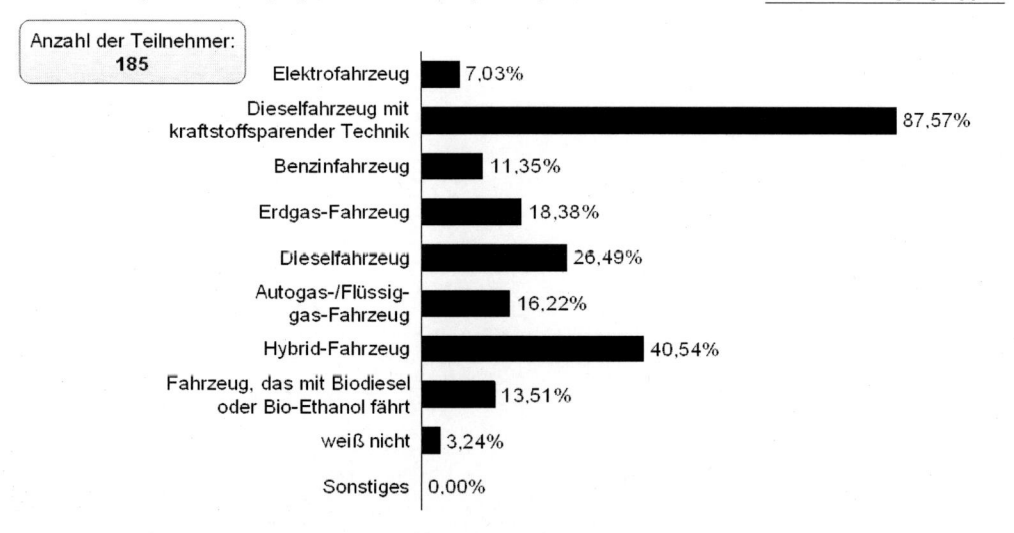

Anzahl der Teilnehmer: **185**

Elektrofahrzeug	7,03%
Dieselfahrzeug mit kraftstoffsparender Technik	87,57%
Benzinfahrzeug	11,35%
Erdgas-Fahrzeug	18,38%
Dieselfahrzeug	26,49%
Autogas-/Flüssiggas-Fahrzeug	16,22%
Hybrid-Fahrzeug	40,54%
Fahrzeug, das mit Biodiesel oder Bio-Ethanol fährt	13,51%
weiß nicht	3,24%
Sonstiges	0,00%

Sie sind bereit an einem Training für umweltfreundliches Fahren teilzunehmen.

Frage 10 der Befragung

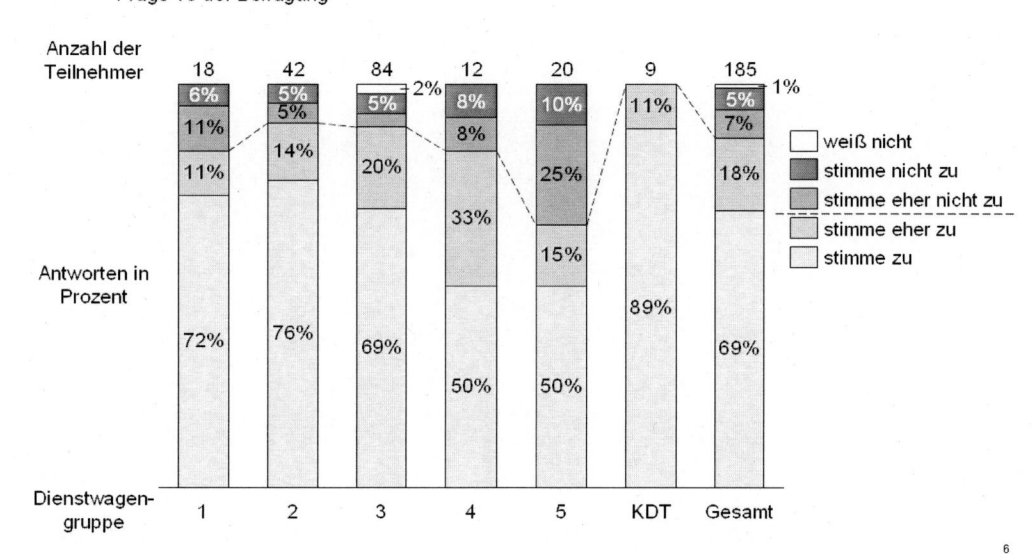

Dienstwagengruppe	1	2	3	4	5	KDT	Gesamt
Anzahl der Teilnehmer	18	42	84	12	20	9	185
weiß nicht							1%
stimme nicht zu	6%	5%	2%	8%	10%		5%
stimme eher nicht zu	11%	5%	5%			11%	7%
stimme eher zu	11%	14%	20%	8%	25%		18%
(Zwischenbereich)				33%	15%		
stimme zu	72%	76%	69%	50%	50%	89%	69%

Literaturverzeichnis

Bücher und Zeitschriften

Gustke, C. (2009): "Scenario planning aims to prepare you for your next crisis, whatever it may be", in: *The Conference Board Review* 2009(1):18-23.

Banerjee, B. S. (2007): "Corporate Social Responsibility – The Good, the Bad and the Ugly", Cheltenham 2007.

Barth, R., Wolff, F. (2009): "Corporate Social Responsibility in Europe – Rhetoric and Realities", Cheltenham 2009.

Bea, F. X., Haas, J. (2005): „Strategisches Management", 4. Auflage, Stuttgart 2005.

Bensmann, M. (2007): „Volle Ladung", in: *Neue Energie – Das Magazin für erneuerbare Energien* 2007(7):22-31.

Biere, D., Dallinger, D. Wietschel, M. (2009): „Ökonomische Analyse der Erstnutzer von Elektrofahrzeugen", in: *ZfE – Zeitschrift für Energiewirtschaft* 2009(2):173-181.

Birkner, G., Dröge, A. (2009): „Ratgeber Dienstwagenmanagement 2009", 6. Auflage, Frankfurt am Main 2009.

Boblenz, A. (2008): „Saubere Flotte – Der Expressdienstleister TNT setzt Elektroautos ein und zeigt, dass Verkehr auch umweltfreundlich sein kann", in: *Firmenauto – Geschäftswagen | Flottenmanagement | Finanzen* 2008(9):28-29.

Boblenz, H. (2008a): „Die Spritsparer", in: *Firmenauto – Geschäftswagen | Flottenmanagement | Finanzen* 2008(9):14-16.

Boblenz, H. (2008b): „Am Hybrid kommt man nicht vorbei", in: *Firmenauto – Geschäftswagen | Flottenmanagement | Finanzen* 2008(9):23.

Booth, C. et al. (2009): Booth, C., Clark, P., Delahaye-Dado, A., Procter, S., Rowlinson,, M., "Modal Narratives, Possible Worlds and Strategic Foresight", in: MacKay, R. B., Costanzo, L. A. (Hrsg.), "Handbook of Research on Strategy and Foresight", Cheltenham 2009.

Brübach, D. (2007): „Das B.A.U.M.-Projekt 'Mobilitätsaktionswochen' in Unternehmen macht Mitarbeiter in Unternehmen nachhaltig mobil – Teil 6: Auch mit dem Auto umweltverträglicher ans Ziel!", in: *Der Umweltbeauftragte* 2007(7):10.

Bulmann, A. (2007): „Mehrwert durch mehr Wert: nachhaltiger Unternehmenserfolg durch Investitionen in Corporate Social Responsibility", Bremen 2007.

Burmeister, K. et al. (2002): Burmeister, K., Neef, A., Albert, B., Glockner, H., „Z_dossier 02 – Zukunftsforschung und Unternehmen – Praxis, Methoden, Perspektiven", Essen 2002.

Burmeister, K., Neef, A., Beyers, B. (2004): „Corporate Foresight: Unternehmen gestalten Zukunft", Hamburg 2004.

Burmeister, K., Schulz-Montag, B. (2009): „Corporate Foresight – Praxis und Perspektiven", in: Popp, R., Schüll, E. (Hrsg.), „Zukunftsforschung und Zukunftsgestaltung – Beiträge aus Wissenschaft und Praxis", Heidelberg 2009, S. 277-292.

Burt, G. et al. (2006): Burt, G., Wright, G., Bradfield, R., Cairns, G., Heijden, K. v. d., „The Role of Scenario Planning in Exploring the Environment in View of the Limitations of PEST and Its Derivatives", in: *International Studies of Management & Organization* 2009(3):50-76.

Carter, R. C., Rogers, D. S. (2008): "A Framework of Sustainable Supply Chain Management: Moving Toward New Theory", in: *International Journal of Physical Distribution & Logistics Management* 2008(5):360-387.

Chen, J.-K. (2009): „Utility and Drawbacks of Scenario Planning in Taiwan and China", in *Journal of Future Studies* 2009(3):105-106.

Chia, R. (2004): "Re-educating Attention: What is Foresight and How is it Cultivated?", in: Tsoukas, H., Shepherd, J. (Hrsg.) "Managing the Future – Strategic Foresight in the Knowledge Economy", Oxford 2004, S. 21-37.

Courtney, H., Kirkland, J, Viguerie, P. (1999): "Strategy Under Uncertainty", in: Harvard Business Review on managing uncertainty", Harvard 1999.

Dießl, K. (2006): „Der Corporate-Foresight-Prozess – Zukunftsforschung in Unternehmen erfolgreich gestalten", Saarbrücken 2006.

DiVanna, J., Austin, F. (2004): "Strategic Thinking in Tactical Times", New York 2004.

Doane, D. (2004): "Good Intentions – Bad Outcomes? The Broken Promise of CSR Reporting", in: Henriques, A., Richardson, J. (Hrsg.), "The Triple Bottom Line: Does it All Add Up? Assessing the Sustainability of Business and CSR", London 2004, S. 81-88.

Dönitz, E. J. (2009): „Effizientere Szenariotechnik durch teilautomatische Generierung von Konsistenzmatrizen", Wiesbaden 2009.

Durbach, I., Stewart, T. J. (2003): "Integrating Scenario Planning and Goal Programming", *Journal of Multi-Criteria Decision Analysis* 2003(12):261-271.

Eck, W. A. (2009): „Wirtschaftsfaktor Umwelt", in: *Autoflotte* 2009(5):26-28.

EID (2009): „Zahl der Tankstellen in Deutschland stagniert – EID-Umfrage zum 1. Juli 2009", in: *EID – Energie Informationsdienst* 2009(32):1-6.

Fahey, L. (2003): "How Corporations Learn from Scenarios", in: *Strategy & Leadership* 2003(31):5-15.

Fink, A., Siebe, A. (2006): „Handbuch Zukunftsmanagement – Werkzeuge der strategischen Planung und Früherkennung", Frankfurt (Main) 2006.

Flowers, B. S. (2003): "The Art and Strategy of Scenario Writing", in: *Strategy & Leadership* 2003(31):29-33.

Franken, M. (2008): „Aufruf zur Elektro-Revolution", in: *Neue Energie – Das Magazin für erneuerbare Energien* 2008(8):46-51.

Gausemeier, J., Plass, C., Wenzelmann, C (2009): „Zukunftsorientierte Unternehmensgestaltung: Strategien, Geschäftsprozesse und IT-Systeme für die Produktion von morgen", München 2009.

Geiger, J. (2008a): „Gemisch-Bildung", in: *Firmenauto – Geschäftswagen | Flottenmanagement | Finanzen* 2008(9):30-31.

Geiger, J. (2008b): „Jede Stimme zählt", in: Firmenauto – Geschäftswagen | Flottenmanagement | Finanzen 2008(9):32.

Geschka, H. (2006): „Szenariotechnik als Instrument der Frühaufklärung", in: Gassmann, O., Kobe, C. (Hrsg.), „Management von Innovation und Risiko – Quantensprünge in der Entwicklung erfolgreich managen", 2. Auflage, Berlin 2006, S. 357-372.

Godet, M. (2000): "How to be rigorous with scenario planning", in: *Foresight – The Journal of Futures Studies, Strategic Thinking and Policy* 2000(2): 5-9.

Godet, M. (2006): "Creating Futures – Scenario Planning as a Strategic Management Tool", 2. Auflage, Paris 2006.

Goodall, N. (2009): "Sustainable Growth", in: *International GreenFleet* 2009(2):14-15.

Grundwald, A. (2009): „Wovon ist die Zukunftsforschung eine Wissenschaft?", in: Popp, R., Schüll, E. (Hrsg.), „Zukunftsforschung und Zukunftsgestaltung – Beiträge aus Wissenschaft und Praxis", Heidelberg 2009, S. 24-35.

Hackbarth, A., Schürmann, G., Madlener, R. (2009): „Plug-in Hybridfahrzeuge: Wirtschaftlichkeit und Marktchancen verschiedener Geschäftsmodelle", in: *Energiewirtschaftliche Tagesfragen* 2009(7):60-63.

Hamel, G. (1996): "Strategy as Revolution", in: *Harvard Business Review* 1996(4):69-82.

Hamel, G., Prahalad, C. K. (1994): „Competing for the future", Boston 1994.

Heijden, K. v. d. (2004): "Insight into Foresight", in: Tsoukas, H., Shepherd, J. (Hrsg.), "Managing the Future – Strategic Foresight in the Knowledge Economy", Oxford 2004, S. 204-211.

Heijden, K. v. d. (2005): "Scenarios – The Art of Strategic Conversation", 2. Auflage, West Sussex 2005.

Henriques, A. (2004): "CSR, Sustainability and the Triple Bottom Line", in: Henriques, A., Richardson, J. (Hrsg.), "The Triple Bottom Line: Does it All Add Up? Assessing the Sustainability of Business and CSR", London 2004, S. 34-44.

Henriques, A., Richardson, J. (2004): "The Triple Bottom Line: Does it All Add Up? Assessing the Sustainability of Business and CSR", London 2004.

Herchen, O. M. (2007): „Corporate Social Responsibility – Wie Unternehmen mit ihrer ethischen Verantwortung umgehen", Norderstedt 2007.

Hochfeld, C. (2009): „Die Industrie in Europa muss sich verändern", in: *eco@work* 2009(3):7.

Holzer, N. (2008): „Wie fährt man Eisbär-freundlich Auto? Ökologisches Flottenmanagement senkt Kosten und freut die Eisbären", in: *Firmenauto – Geschäftswagen | Flottenmanagement | Finanzen* 2008(9):34-35.

Howes, R. (2004): "Environmental Cost Accounting: Coming of Age? Tracking Organizational Performance Towards Environmental Sustainability", in: Henriques, A., Richardson, J. (Hrsg.), "The Triple Bottom Line: Does it All Add Up? Assessing the Sustainability of Business and CSR", London 2004, S. 99-112.

Idowu, S. O., Filho, W. L. (2009): "Global Practices of Corporate Social Responsibility", London 2009.

Jennings, V. (2004): "Addressing the Economic Bottom Line", in: Henriques, A., Richardson, J. (Hrsg.), "The Triple Bottom Line: Does it All Add Up? Assessing the Sustainability of Business and CSR", London 2004, S. 155-166.

Jensen, D. (2008): "Wettrennen der Konzepte", in: *Neue Energie – Das Magazin für erneuerbare Energien* 2008(8):52-59.

Keinert, C. (2008): "Corporate Social Responsibility as an International Strategy", Heidelberg 2008.

Kittler, E., Boblenz, H. (2008): „Zischkalkulation", in: *Firmenauto – Geschäftswagen | Flottenmanagement | Finanzen* 2008(9):20-22.

Kolter, P., Lee, N. (2005): "Corporate Social Responsibility – Doing the Most Good for Your Company and Your Cause – Best Practices from Hewlett-Packard, Ben & Jerry's, and Other Leading Companies", Hoboken 2005.

Kosow, H., Gaßner, R. (2008): „Methoden der Zukunfts- und Szenarioanalyse – Überblick, Bewertung und Auswahlkriterien", Berlin 2008.

Lindgren, M., Bandhold, H. (2009): „Scenario Planning – The Link between Future and Strategy", 2. Auflage, New York 2009.

Lottsiepen, G., Lange, K. (2009): „VCD Auto-Umweltliste 2009/2010 – Über 350 Autos im Umweltcheck", Berlin 2009.

MacKay, R. B. (2009): "Strategic Foresight: Counterfactual and Prospective Sensemaking in Enacted Environments", in: MacKay, R. B., Costanzo, L. A. (Hrsg.) "Handbook of Research on Strategy and Foresight", Cheltenham 2009, S. 90-112.

MacKay, R. B., Costanzo, L. A. (2009): "Handbook of Research on Strategy and Foresight", Cheltenham 2009.

May, G. H. (2008): "The end is nigh … but are we there yet?", in: Duin, P. v. d. (Hrsg.), "Knowing Tomorrow? How Science Deals with the Future", Delft 2008, S. 9-20.

Mietzner, D. (2009): „Strategische Vorausschau und Szenarioanalysen – Methodenevaluation und neue Ansätze", Diss., Wiesbaden 2009.

Mietzner, D., Reger, G. (2005): "Advantages and Disadvantages of Scenario Approaches for Strategic Foresight", in: *International Journal of Technology Intelligence and Planning* 2005(2):220-239.

Millett, S. M. (2003): "The Future of Scenarios: Challenges and Opportunities", in: *Strategy & Leadership* 2003(2):16-24.

Millett, S. M. (2009): "Should Probabilities Be Uses with Scenarios?", in *Journal of Future Studies* 2009(3):61-86.

Mintzberg, H. (1994a): "The Fall and Rise of Strategic Planning", New York 1994.

Mintzberg, H. (1994b): "The Fall and Rise of Strategic Planning", in: *Harvard Business Review* 1994(1):107-114.

Mintzberg, H., Ahlstrand, B., Lampel, J. (2007): „Strategy Safari – Eine Reise durch die Wildnis des strategischen Managements", Heidelberg 2007.

Minx, E., Kollosche, I. (2009): „Kontingenz und zyklische Zukunftsbetrachtung – Klimawandel, Umweltmentalitäten und die Geschichte einer Erregung", in: Popp, R., Schüll, E. (Hrsg.), „Zukunftsforschung und Zukunftsgestaltung – Beiträge aus Wissenschaft und Praxis", Heidelberg 2009, S. 161-173.

Molitor, G. T. T. (2009): "Scenarios: Worth the Effort?", in: *Journal of Future Studies* 2009(3):81-92.

More, H. (2003): "Scenario Planning – Or Does Your Organisation Rain Dance?", in: *New Zealand Management Magazine* 2003(5): 32-34.

Müller, A. W., Müller-Stewens, G. (2009): „Strategic Foresight – Trend und Zukunftsforschung in Unternehmen – Instrumente, Prozesse, Fallstudien", Stuttgart 2009.

Neef, A., Glockner, H. (2006): „Beobachten und Handeln verweben", in: *GDI Impuls – Wissensmagazin für Wirtschaft, Gesellschaft, Handel* 2006(4):30-35.

Peterson, G. D., Cumming, G. S., Carpenter, S. R. (2003): "Scenario Planning: A Tool for Conservation in an Uncertain World", in: *Conversation Biology* 2003(2):358-366.

Pillkahn, U. (2007): „Trends und Szenarien als Werkzeuge zur Strategieentwicklung – Wie Sie unternehmerische und gesellschaftliche Zukunft gestalten und planen", Erlangen 2007.

Pishvaee, M., S., Fathi, M., Jolai, F. (2008): "A Fuzzy Clustering-Based Method for Scenario Analysis in Strategic Planning: The Case of an Asian Pharmaceutical Company", in: *South African Journal of Business Management* 2008(3):21-31.

Porter, M. E. (1996): "What is Strategy?", in: *Harvard Business Review* 1996(6):61-78.

Puls, T. (2006): „Alternative Antriebe und Kraftstoffe – Was bewegt das Auto von morgen?", Köln 2006.

Roubelat, F. (2009): "Scenarios in Action: Comments and New Directions", in: *Journal of Future Studies* 2009(3):93-98.

Schneider, A. (2008): „Saubere Lösungen sind gefragt – Studie des Verbandes der markenunabhängigen Fuhrparkmanagementunternehmen (VMF) zum Umweltschutz in Fuhrparks", in: *Autoflotte* 2008(12):18-23.

Schulze-Montag, B., Müller-Stoffels, M. (2006): „Szenarien. Instrumente für Innovations- und Strategieprozesse", in: Wilms, F. E. P. (Hrsg.), „Vom Umgang mit der Zukunft", Bern 2006.

Schwamberger, A. (2009): „Klima kontra Kosten", in: *Der Mobilitätsmanager* 2009(6):12-15.

Schwartz, P. (1991): "The Art of the Long View – Planning for the Future in an Uncertain World", New York 1991.

Stan, C. (2008): „Alternative Antriebe für Automobile – Hybridsysteme, Brennstoffzellen, alternative Energieträger", 2. Auflage, Berlin 2008.

Steinmüller, K. (1997): „Grundlagen und Methoden der Zukunftsforschung – Szenarien, Delphi, Technikvorausschau", Sekretariat für Zukunftsforschung, Gelsenkirchen 1997.

Stone, A. G., Redmer, T., A., O. (2006): "The Case Study Approach to Scenario Planning", in: *Journal of Practical Consulting* 2006(1):7-18.

Ulbricht Zürni, S. (2004): „Möglichkeiten und Grenzen der Szenarioanalyse – Eine Analyse am Beispiel der Schweizer Energieplanung", Berlin 2004.

Ungericht, B. Raith, D., Korenjak, T. (2008): „Corporate Social Responsibility oder gesellschaftliche Unternehmensverantwortung? – Kritische Reflektionen, empirische Befunde und politische Empfehlungen", Berlin 2008.

Velten, C. (2008): „Grün ist die Flottenzukunft", in: *Der Mobilitätsmanager* 2008(4): 40-42.

Vogel, D. (2005): "The Market for Virtue – The Potential and Limits of Corporate Social Responsibility", Washington D.C. 2005.

Wallentowitz, H., Reif, K. (2006): „Handbuch Kraftfahrzeugelektronik: Grundlagen, Komponenten, Systeme, Anwendungen", Wiesbaden 2006.

Webb, J. (2009): "Green and Competent", in: *International GreenFleet* 2009(4):28-29.

Weinstein, B. (2007): "Scenario Planning: Current State of the Art", in: *Henley Manager Update* 2007(1):1-8.

Wheelwright, V. (2006): "A Personal Approach to Strategic Foresight", in: *Futurist* 2006(5):24.

Wilkinson, A. (2009): "Scenarios Practices: In Search of Theory", in: *Journal of Future Studies* 2009(3):107-114.

Wilkinson, A., Eidinow, E. (2008): "Evolving practices in environmental scenarios: a new scenario typology", in: *Environmental Research Letters* 2008(4)1-11.

Wittenbrink, P. (2009): „Auf Euro und Cent genau – Umweltschutz kann sich auch in schwierigen Zeiten für den Fuhrpark rechnen", in: Sonderbeilage „Nutzfahrzeug und Flottenmanagement" *DVZ Deutsche Logistik-Zeitung* 2009(47):4.

Wolff, F. (2009): "CSR Effects Across Four Issue Areas: A Synthesis of the Case Studies", in: Barth, R., Wolff, F. (Hrsg.), "Corporate Social Responsibility in Europe – Rhetoric and Realities", Cheltenham 2009, S. 239-248.

Wright, A. (2005): "Using Scenarios to Challenge and Change Management Thinking", in: *Total Quality Management* 2005(1):87-103.

Internetquellen

ADAC (2009a): „Zukunftstechnologien – Was uns morgen antreiben wird. Alternativen zum Öl für mehr Klimaschutz, Nachhaltigkeit im Verkehr und bezahlbare Kraftstoffe", http://www1.adac.de/images/Zukunftstechnologien_Fachinformation_0905_tcm8-254290.pdf (zuletzt abgerufen am 10.12.2009).

ADAC (2009b): „Alternativer Kraftstoff für Ottomotoren – Bioethanol", http://www1.adac.de/Auto_Motorrad/Tanken/Alternative_Kraftstoffe/bioethanol/default.asp?ComponentID=134061&SourcePageID=10119&Print=True (zuletzt abgerufen am 08.01.2010).

AEE (2009a): „Wenn Elektromobilität, dann erneuerbar! Potenziale und Herausforderungen des gemeinsamen Ausbaus von Elektromobilität und Erneuerbaren Energien", Agentur für Erneuerbare Energien, http://www.unendlich-viel-energie.de/uploads/media/praesentation_elektromobilitaet_01.pdf (zuletzt abgerufen am 27.11.2009).

AEE (2009b): „Hintergrundinformation Erneuerbare Elektromobilität", Agentur für Erneuerbare Energien, http://www.unendlich-viel-energie.de/uploads/media/hintergrundinfo_erneuerbare_elektromobilitaet_nov09.pdf (zuletzt abgerufen am 29.11.2009).

Autoflotte online (2009): „RWE forciert Ausbau von Stromtankstellen", http://www.autoflotte.de/rwe-forciert-ausbau-von-stromtankstellen-895376.html (zuletzt abgerufen am 17.12.2009).

Bassen, A., Meyer, K., Schlange, J. (2006): "The Influence of Corporate Responsibility on the Cost of Capital – An Empirical Analysis 2006", http://www.dsw-info.de/uploads/media/Bassen.pdf (zuletzt abgerufen am 15.11.2009).

BEA (2008): „Berechnungshilfe für Pkw und leichte Nutzfahrzeuge", Berliner Energieagentur, http://www.sauberer-fuhrpark.de/download_files/Lebenszykluskosten_PKW_u_leichteNfz_2008.xls (zuletzt abgerufen am 17.01.2010).

BMVBS (2009): „Nationaler Entwicklungsplan Elektromobilität", Anlage zur Pressemitteilung 2009(227) „Bundeskabinett: Deutschland soll zum Leitmarkt für Elektromobilität werden", Bundesministerium für Verkehr, Bau und Stadtentwicklung, http://www.bmvbs.de/Anlage/original_1091800/Nationaler-Entwicklungsplan-Elektromobilitaet.pdf (zuletzt abgerufen am 01.12.2009).

BMWI (2009) „Entwicklung von Energiepreisen und Preisindizes", Bundesministerium für Wirtschaft und Technologie", http://www.bmwi.de/BMWi/Redaktion/Binaer/Energiedaten/energiepreise-und-energiekosten1-entwicklung-energiepreise-preisindizes,property=blob,bereich=bmwi,sprache=de,rwb=true.xls (zuletzt abgerufen am 02.01.2010).

BP (2009): "BP Statistical Review of World Energy June 2009", BP, http://www.bp.com/liveassets/bp_internet/globalbp/globalbp_uk_english/reports_and_publications/statistical_energy_review_2008/STAGING/local_assets/2009_downloads/statistical_review_of_world_energy_full_report_2009.pdf (abgerufen am 02.12.2009).

Braun, S., Loew, T. (2008): „Corproate Social Responsibility – Eine Orientierung aus Umweltsicht", Bundesministerium für Umwelt, Naturschutz und Reaktorsicherheit (BMU), http://www.bmu.de/files/wirtschaft_und_umwelt/downloads/application/pdf/brochuere_csr.pdf (zuletzt abgerufen am 09.11.2009).

Braun, S., Loew, T. (2009): „CSR-Handlungsfelder – Die Vielfalt verstehen. Ein Vergleich aus der Perspektive von Unternehmen, Politik, GRI und ISO 26000, Institute 4 Sustainability, http://www.4sustainability.org/downloads/Loew_Braun_CSR-Handlungsfelder_Vergleich.pdf (Stand: 11.12.2009).

Clausen, J., Loew, T. (2009): „CSR und Innovation: Literaturstudie und Befragung", Institute 4 Sustainability, http://www.4sustainability.org/downloads/Clausen-Loew_CSR-und-Innovation-LiteraturstudieundBefragung.pdf (zuletzt abgerufen am 10.11.2009).

Clawson, J. G., Grayson, L. (1996): "Scenario Building", https://harvardbusiness.org/download/2067472/UV0539-PDF-ENG/UV0539-PDF-ENG.PDF, (zuletzt abgerufen am 10.11.2009).

Cone (2004): "Cone Corporate Citizenship Study: Building Brand Trust", http://www.cone-inc.com/stuff/contentmgr/files/0/84d3119bfe09009ccba4134a2c9fd5ae/files/2004_cone_corporate_citizenship_exec_summary.pdf (zuletzt abgerufen am 14.11.2009).

con|energy (2009): „Elektromobilität – Städte und Kommunen als Partner der Energieversorger", con|energy Unternehmensberatung http://www.energate.de/download/index.php?view=download&id=3556 (zuletzt abgerufen am 19.11.2009).

Conway, M. (2004): "Scenario Planning: An Innovative Approach to Strategy Development", Australasian Association for Institutional Research, http://www.aair.org.au/jir/2004Papers/CONWAY.pdf (zuletzt abgerufen am 15.10.2009).

CVO (2009): „Corporate Vehicle Observatory Barometer 2009", http://www.arval.de/ger/full-service-leasing/home/newsletter/nl/newsletter-juli-2009/leasing-auf-dem-vormarsch.html (zuletzt abgerufen am 20.11.2009).

DAT (2009): „Leitfaden zu Kraftstoffverbrauch und CO_2-Emissionen aller neuen Personenkraftwagenmodelle, die in Deutschland zum Verkauf angeboten werden – Ausgabe 2009 – 4. Quartal", Deutsche Automobil Treuhand, http://www.dat.de/leitfaden/LeitfadenCO2.pdf (zuletzt abgerufen am 19.12.2009).

Davis, A. (2008): „Barrieren bei der Implementierung von Corporate Foresight im Unternehmen und im Strategischen Management", Diss., http://digbib.ubka.uni-karlsruhe.de/volltexte/documents/404217 (zuletzt abgerufen am 29.12.2009).

Dinger, A. et. al. (2010): Dinger, A., Martin, R., Mosquet, X., Rabl, M., Rizoulis, D., Russo, M., Sticher, S., "Batteries for Electric Cars – Challenges, Opportunities, and the Outlook to 2020", The Boston Consulting Group, http://209.83.147.85/publications/files/BCG_Batteries_for_Electric_Cars_Dec_09.pdf (zuletzt abgerufen am 09.01.2010).

Dings, J. (2008): "Reducing CO_2 Emissions from New Cars: A Study of Major Car Manufacturers' Progress in 2007", European Federation for Transport and Environment, www.transportenvironment.org/Publications/prep_hand_out/lid/513 (zuletzt abgerufen am 17.12.2009).

EG-Mitteilung (2002): „Mitteilung der Kommission betreffend die soziale Verantwortung der Unternehmen: ein Unternehmensbeitrag zur nachhaltigen Entwicklung", Kommission der Europäischen Gemeinschaften, http://eur-lex.europa.eu/LexUriServ/LexUriServ.do?uri=COM:2002:0347:FIN:DE:PDF (abgerufen am 12.10.2009).

EG-Mitteilung (2006): „Mitteilung der Kommission an das Europäische Parlament, den Rat und den Europäischen Wirtschafts- und Sozialausschuss – Umsetzung der Partnerschaft für Wachstum und Beschäftigung: Europa soll auf dem Gebiet der sozialen Verantwortung der Unternehmen führend werden", Kommission der Europäischen Gemeinschaften, http://eur-lex.europa.eu/LexUriServ/LexUriServ.do?uri=COM:2006:0136:FIN:de:PDF (zuletzt abgerufen am 12.10.2009).

EU-Grünbuch (2001): „Europäische Rahmenbedingungen für die soziale Verantwortung der Unternehmen", Kommission der Europäischen Gemeinschaften, eur-lex.europa.eu/LexUriServ/site/de/com/2001/com2001_0366de01.pdf (abgerufen am 12.10.2009).

Flottenmanagement 4 (2008): „Flottenmanagement – Das Fachmagazin für innovatives Fuhrpark- und Mobilitätsmanagement", http://www.flotte.de/files/newspapers/2008/4/pdf/FM4-08.pdf (zuletzt abgerufen am 05.01.2010).

Flottenmanagement 4 (2009): „Flottenmanagement – Das Fachmagazin für innovatives Fuhrpark- und Mobilitätsmanagement", http://www.flotte.de/files/newspapers/2009/4/pdf/Flotte_409_kleiner.pdf (zuletzt abgerufen am 19.11.2009).

Flottenmanagement 6 (2006): „Flottenmanagement – Das Fachmagazin für innovatives Fuhrpark- und Mobilitätsmanagement", http://www.flotte.de/files/newspapers/2006/6/pdf/035-37_Dataforce_fm606.pdf (zuletzt abgerufen am 04.01.2009).

Gao, P., Wang, A., Wu, A. (2008): "China Charges Up: The Electric Vehicle Opportunity", McKinsey & Company, http://www.mckinsey.com/clientservice/ccsi/pdf/the_electric_vehicle_opportunity.pdf (zuletzt abgerufen am 29.11.2009).

Geschka (2009): „Szenariosoftware INKA 3 – die Software zur Entwicklung von Szenarien", www.geschka.de/fileadmin/download/INKA_3_-_Informationen.pdf (zuletzt abgerufen am 22.12.2009).

Glockner, H. (2008): „Megatrends", Z_punkt – The Foresight Company, http://www.z-punkt.de/fileadmin/be_user/D_Publikationen/D_Arbeitspapiere/Die_20_wichtigsten_Megatrends_x.pdf (zuletzt abgerufen am 06.12.2009).

Glück, G. (2007): „Wie Leasinggesellschaften grünes Denken im Fuhrpark fördern können", in: Podiumsdiskussion auf der Internationalen Automobilausstellung 2007 „Grüne Flotte – Umweltschutz im Fuhrpark", http://archiv.iaa.de/07/fileadmin/user_upload/2007/deutsch/downloads/_fachveranstaltungen/Praesentation_IAA_2007_Gruene_Flotte.pdf., S. 70-80 (zuletzt abgerufen am 12.12.2009).

Grünwald, R. (2006): „Perspektiven eines CO_2- und emissionsarmen Verkehrs – Kraftstoffe und Antriebe im Überblick", Büro Für Technologiefolgen-Abschätzung beim Deutschen Bundestag, http://www.tab.fzk.de/de/projekt/zusammenfassung/ab111.pdf (zuletzt abgerufen am 11.12.2009).

GWA (2008): „GWA Frühjahrsmonitor 2008", Gesamtverband Kommunikationsagenturen GWA, http://www.gwa.de/fileadmin/media-center/Dokumente/Monitore/PKs/GWA_Fruehjahrsmonitor_2008.pdf (abgerufen am 08.02.2010).

Heijden, K. v. d. (1997): "Scenarios, Strategy, and the Strategy Process", Global Business Network, www.gbn.com/articles/pdfs/GBN_scenarios,%20strategy.keesvdh.pdf (zuletzt abgerufen am 30.12.2009).

Heymann, E. (2007): „Volkswirtschaftliche Perspektiven und Trends in der Automobilindustrie", Deutsche Bank Research, http://www.dbresearch.de/PROD/CIB_INTERNET_EN-PROD/PROD0000000000209965.pdf (zuletzt abgerufen am 06.09.2009).

Heymann, E., Zähres, M. (2009): „Automobilindustrie am Beginn einer Zeitenwende", Deutsche Bank Research, http://www.dbresearch.de/PROD/DBR_INTERNET_DE-PROD/PROD0000000000237289.pdf (zuletzt abgerufen am 02.09.2009).

Hohnen, P., Potts, J. (2007): "Corporate Social Responsibility – An Implementation Guide for Business", International Institute for Sustainable Development, http://www.iisd.org/pdf/2007/csr_guide.pdf (zuletzt abgerufen am 13.11.2009).

Hughes, N. (2009): "A Historical Overview of Strategic Scenario Planning", UK Energy Research Center (UKERC), http://www.ukerc.ac.uk/Downloads/PDF/09/0904ESMHistoricalOview.pdf (zuletzt abgerufen am 11.11.2009).

IWR (2006): „Verträglichkeit von Biodiesel in Serienfahrzeugen", Internationales Wirtschaftsforum Regenerative Energien (IWR), http://www.iwr.de/biodiesel/auto.html (zuletzt abgerufen am 14.01.2010).

Klein, D. (2009): „Wie viele Bäume braucht es, um eine Tonne CO_2 zu binden?", co2online – Gemeinnützige Beratungsgesellschaft", http://www.klima-sucht-schutz.de/mitmachen/beitrag/article/wie-viele-baeume-braucht-es-um-eine-tonne-co2-zu-binden.html (zuletzt abgerufen am 31.01.2009).

Köpernik, K. (2009): „Corporate Foresight als Erfolgsfaktor für marktorientierte Unternehmen", Diss., http://www.diss.fu-berlin.de/diss/servlets/MCRFileNodeServlet/FUDISS_derivate_000000006546/Koepernik_Corporate_Foresight_Dissertation.pdf?hosts= (zuletzt abgerufen am 29.12.2009).

Lahl, U. (2009) „Zukünftige Antriebe für Automobile aus der Sicht der Bundesregierung, Bundesministerium für Umwelt, Naturschutz und Reaktorsicherheit, http://www.bmu.de/files/pdfs/allgemein/application/pdf/vortrag_lahl_ami.pdf (zuletzt abgerufen am 28.11.2009)

Lunz, B. (2008): „Plug-In Hybrid-Elektrofahrzeuge", Jahresbericht 2008 der RWTH Aachen, http://www.isea.rwth-aachen.de/data/annualreports/2008/Jahresbericht_gesamt.pdf (zuletzt abgerufen am 28.11.2009).

Matthes, F. C. (1998): „CO$_2$-Vermeidungskosten – Konzept, Potentiale und Grenzen eines Instruments für politische Entscheidungen", Öko-Institut – Institut für angewandte Ökologie, http://www.berlin.de/sen/umwelt/klimaschutz/studie_verm eidungskosten/endberic.pdf (zuletzt abgerufen am 06.02.2010).

Meinert, S. (2004): „Denken in Alternativen: Szenario-Übungen als didaktischer Ansatz in der politischen Bildung", Institut für prospektive Analysen, http://www. bpb.de/files/U10IKP.pdf (zuletzt abgerufen am 29.12.2009).

Pehnt, M., Höpfner, U. (2007): „Elektromobilität und erneuerbare Energien", ifeu – Institut für Energie- und Umweltforschung Heidelberg, http://ifeu.de/energie/pd f/Arbeitspapier5_%20Elektromobilitaet%20und%20erneuerbare%20Energien.p df%20 (zuletzt abgerufen am 27.11.2009).

Reh, W. (2009): „Strategien und Modellpolitiken deutscher Automobilhersteller", Bund für Umwelt und Naturschutz Deutschland, http://www.bund.net/ fileadmin/bundnet/pdfs/verkehr/autoverkehr/20090911_verkehr_autoverkehr_m odellpolitik.pdf (zuletzt abgerufen am 08.01.2010).

Reich. R. B. (2008): "The Case Against Corporate Social Responsibility", Goldman School of Public Policy, http://papers.ssrn.com/sol3/Delivery.cfm/SSRN_ID12 13129_code1071577.pdf?abstractid=1213129&mirid=1 (zuletzt abgerufen am 13.11.2009).

Riess, B., Welzel, C. (2006): "Partner Staat? CSR-Politik in Europa", Bertelsmann Stiftung, http://www.bertelsmann-stiftung.de/bst/de/media/xcms_bst_dms_1724 3_17244_2.pdf (zuletzt abgerufen am 11.11.2009).

Rohrbeck, R., Arnold, H. M., Heuer, J. (2007): "Strategic Foresight in multinational enterprises – a case study on the Deutsche Telekom Laboratories", Technische Universität Berlin, http://www.rene-rohrbeck.de/documents/Rohrbeck_Arnold_ Heuer_(2007)_Strategic-Foresight_Paper.pdf (zuletzt abgerufen am 28.01.2010).

RWE (2009): „Vorweg gehen und ihr e-paket sichern", http://www.rwe-mobility.com /web/cms/de/332024/rwemobility/ihr-e-paket/anforderung-angebot/ (zuletzt abgerufen am 09.01.2010).

Schmitt, K. (2005): "Corporate Social Responsibility in der strategischen Unternehmensführung – Eine Fallstudienanalyse deutscher und britischer Unternehmen der Ernährungsindustrie", Öko-Institut, http://www.oeko.de/files/forschungserg ebnisse/application/octet-stream/download.php?id=259&PHPSESSID=7h1qnaq uo4nq4o82qf9qjol6e0 (zuletzt abgerufen am 16.11.2009).

Screarce, D., Fulton, K. (2004): "What if? The Art of Scenario Thinking for Nonprofits", Global Business Network, http://www.gbn.com/articles/pdfs/GBN_What%20If.pdf (zuletzt abgerufen am 16.10.2009).

Shell (2008): "Scenarios – An Explorer's Guide", http://www-static.shell.com/static/public/downloads/brochures/corporate_pKilogramm/scenarios/explorers_guide.pdf (zuletzt abgerufen am 28.01.2010).

TÜV SÜD (2009): „Mit weniger Sprit besser ans Ziel – Energiesparen beginnt schon beim Autokauf", http://www.tuev-sued.de/uploads/images/1237299372249868650473/1128_NEU_2s.pdf (zuletzt abgerufen am 05.01.2010).

Vahlenkamp, T. (2007): „Kosten und Potentiale der Vermeidung von Treibhausgasemissionen in Deutschland – Eine Studie vom McKinsey & Company, Inc., erstellt im Auftrag von ‚BDI initiativ – Wirtschaft für Klimaschutz'", http://www.mckinsey.de/downloads/presse/2007/070925_Kosten_und_Potenziale_der_Vermeidung_von_Treibhausgasemissionen_in_Deutschland.pdf (zuletzt abgerufen am 06.02.2010).

VDA (2009): „Handeln für den Klimaschutz – CO_2 Reduktion in der Automobilindustrie", Verband der Automobilindustrie (VDA), http://www.vda.de/de/downloads/487/?PHPESSID=p86do1l8p6t42bcdh339pgt423 (zuletzt abgerufen 19.12.2009).

Whyte, S. (2009): "A Fleet Managers Guide – Part 6 – Green Fleet Issues", Volkswagen, http://cdn.volkswagen.co.uk/assets/common/content/fleet/A-Fleet-Managers-Guide-Part-6-Green-Fleet-Issues.pdf (zuletzt abgerufen am 30.11.2009).

WWF (2009): „Auswirkungen von Elektroautos auf den Kraftwerkspark und die CO_2-Emissionen in Deutschland", WWF Deutschland, http://www.wwf.de/fileadmin/fm-wwf/pdf_neu/wwf_elektroautos_studie_final.pdf (zuletzt abgerufen am 28.09.2009).

Z_Punkt (2009a): „Foresight-Toolbox – Foresight-Prozess Phase 4: Projektion – Szenariotechnik – simple", http://www.zukunft-im-mittelstand.de/baukasten.html (zuletzt abgerufen am 22.12.2009).

Z_Punkt (2009b): „Foresight-Toolbox – Foresight-Prozess Phase 4: Projektion – Szenariotechnik – expert", http://www.zukunft-im-mittelstand.de/baukasten.html (zuletzt abgerufen am 22.12.2009).

Z_Punkt (2009c): „Matrix – Szenarien im morphologischen Kasten", http://www.zukunft-im-mittelstand.de/download.php?file=download/tools/matrix_morphologischerkasten_p3a.pdf&title=matrix_morphologischerkasten_p3a.pdf (zuletzt abgerufen am 22.12.2009).

Zimmer, W. et al. (2009): Zimmer, W., Kallmann, K., Berger, S., Hübner, V., „Beschaffung und Klimaschutz – Leitfaden zur Beschaffung von Geräten, Beleuchtung und Strom nach den Kriterien Energieeffizienz und Klimaschutz – Modul 5: Umweltorientierte Beschaffung von Fahrzeugen", http://www.greenlabelspur chase.net/media/usermedia/files/guidelines/GLP_Leitfaden_Fahrzeuge_090224.pdf (zuletzt abgerufen am 27.11.2009).

Zimmer, W., Fritsche, U. (2008): „Klimaschutz und Straßenverkehr – Effizienzsteigerung und Biokraftstoffe und deren Beitrag zur Minderung der Treibhausgasemissionen", Friedrich-Ebert-Stiftung, library.fes.de/pdf-files/wiso/05384.pdf (zuletzt abgerufen am 04.01.2010).